U0895475

商业模式转换系列

中小企业产品锻造密码

系统打造市场爆品的八个密码

张雷◎著

中国财富出版社

图书在版编目（CIP）数据

中小企业产品锻造密码 / 张雷著 . — 北京 : 中国财富出版社 , 2019.6

（商业模式转换系列）

ISBN 978-7-5047-6933-6

Ⅰ . ①中… Ⅱ . ①张… Ⅲ . ①企业管理－产品管理 Ⅳ . ① F273.2

中国版本图书馆 CIP 数据核字（2019）第 117126 号

策划编辑 谢晓绚　**责任编辑** 吴婉素

责任印制 梁　凡　**责任校对** 卓闪闪　**责任发行** 张红燕

出版发行 中国财富出版社

社　　址 北京市丰台区南四环西路 188 号 5 区 20 楼　**邮政编码** 100070

电　　话 010-52227588 转 2098（发行部）　010-52227588 转 321（总编室）

010-52227588 转 100（读者服务部）　010-52227588 转 305（质检部）

网　　址 http://www.cfpress.com.cn

经　　销 新华书店

印　　刷 北京兰星球彩色印刷有限公司

书　　号 ISBN 978-7-5047-6933-6/F · 3093

开　　本 710mm×1000mm　1/16　**版　　次** 2020 年 1 月第 1 版

印　　张 12.25　**印　　次** 2020 年 1 月第 1 次印刷

字　　数 185 千字　**定　　价** 69.00 元

自 序

很早以前，我就在思考一连串的问题：

做企业，应该从何处入手?

把企业做大做强的关键因素又是什么?

是企业领袖的能力和魅力，

是员工的素质能力与员工齐心协力，

是市场的机遇，

还是营销手段的创新?

……

最后，我发现：很多企业的问题，都是产品本身的问题，而产品的问题，又与企业管理者和企业员工对产品的重要性认识不足及认知误差有关。

通过多年的行业研究和产品观察，我认为，现在的中小企业在产品设计方面通常存在以下问题，走入了一些明明可以避免的误区。

问题一：一直在做产品，却没有用心做产品。

现在的普遍情况是，一些大型企业非常重视战略布局、战略转型，习惯于从大处着眼，为企业寻找新的生机，却忽略了一些简单微小的地方，比如产品本身的改善和迭代。然而，我们都知道，细节决定成败。那些“微不足道”，往往会带来猝不及防却又无力回天的结果。

曾经的手机行业霸主诺基亚便是最好的前车之鉴。当年，诺基亚遭遇发展危机，它的应对策略是，更换首席执行官，制定宏大战略，重新做市场布局，收购其他同类企业，进行互联网转型。然而经过如此一番“积极进取”的操作之后，诺基亚还是没能改变自己跌落神坛、一蹶不振的命运。

原因何在？因为诺基亚的产品并没有同步向前，未能与时俱进，所以必然惨遭市场淘汰，而其根源则在于诺基亚的管理者并没有真正站在用户的角度去思考产品存在的问题，只是想“做出质量好的产品”，却没有在“做出被消费者需要的产品”上下功夫。这就好比一个人生病了，一直在吃药、在进补，却是头痛医脚，没有对症下药，最终病入膏肓。

问题二：迷信套路，生搬硬套已经获得成功的产品模式。

目前很多企业管理者在做产品时，存在一种偷懒的思维，那就是把“借鉴别人的成功经验”与“照搬别人的产品模式”混为一谈。经常有人问我：“苹果的产品做得如此成功，我们应该如何复制它的产品管理模式呢？”实际上他们犯了一个很大的错误。要知道，在产品管理上，并不存在最佳模式，只有最适合的模式；也就是说，最适合自己的，才是最佳的。行业发展飞速，产品模式处于不断被颠覆的过程中，倘若脱离自身实际情况与真实能力，盲目地生搬硬套别人的成功模式，往往会成为东施效颦式的反面教材。

除此之外，另一种偷懒思维是“我们的第一款产品做得非常成功，现在要推出第二款产品了，只要按照从前的套路再走一遍，依然可以获得成功，这种做法省心、省力、省钱，何乐而不为”。真实的情况是，如果你真的这样做了，恐怕最后市场和消费者反馈给你的结果，是不会让你“乐”起来的。企业不管做一种产品，还是做多种产品，都应该针对个体特性进行量体裁衣，而不是给所有产品都穿上均码的衣服，否则便可能失去更好的获得成长的机会，产品失败的可能性也会大大增加。

问题三：追求完美，想做出唯我独尊的产品。

精益求精、追求完美，是企业管理者匠人精神的体现。然而，我们在做产品的时候，应该追求“极致”，而不是追求完美，因为完美是不现实的。没有缺点的产品是不存在的，即便是名利双收的苹果公司，它的很多产品仍然存在缺陷。

什么样的产品才算是极致的产品？它首先能够解决用户的基本问题、满足其基本需求，然后有一点或者几点优势，可以对用户形成巨大诱惑，这就足够了。

而且，在追求极致的过程中，也不能操之过急，几乎所有的成功产品都经过了多年打磨、不断失败、持续尝试。从来就不存在能够轻而易举地一招制敌、一炮而红的新产品。

在解决了这三个问题之后，我们还要思考为什么有些产品会无处不在、门庭若市，而另一些产品则无人问津、门可罗雀。这也是让产品焕发生机、让企业持续盈利的关键所在。

对此，很多产品经理都非常愿意站出来，把自己的经验分享给同行，让他们拥有产品思维，少走弯路。经过多年的实践经验，我积累了许多相关的知识和技能。对行业的深刻理解、对用户的细致洞悉，也令我对产品思维有了一些更立体的感知。

为了更全面、更系统地将产品思维以及具体运作产品的方法分享给大家，我从几年前就开始筹划写一本关于这些内容的书。这段时间里，我一边倾听企业管理者的声音、与他们进行深度交流，一边参与产品从策划到投放的过程，观察市场反馈与行业动向，由此积累经验、修炼“内功”。

同时，我阅读了大量相关书籍，以期取长补短、查漏补缺。在这个过程中，我发现，市场上的同类书籍大多从指导、培养产品经理的角度来解读产品思维，将产品与产品经理直接画上等号，所针对的读者也是从事产品经理相关工作的人或者想成为产品经理的人。

然而，实际上，一个产品从诞生到消亡，并不仅仅是由产品经理一个人来参与、把握和负责的。产品从无到有、从有到优，是一项极其复杂的工程。

也就是说，在产品这个看得见的实体中，其实囊括了很多看不见却很有力量的元素，而这些力量并不是来自产品经理一个人，所以不管是企业老板、项目经理、销售经理，都应该对产品具备一定认识。

因此，我在撰写本书的时候，突破了固有思维的局限，有意识地在书中建立一个将这些知识统一起来为产品服务的清晰框架，将那些我们耳熟能详但又一知半解的概念串联起来，

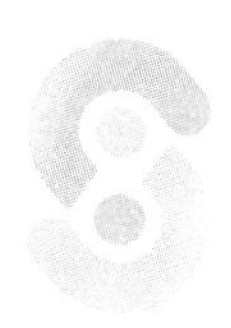

并且侧重于更多的受众适用性与更强的操作实用性，让读者能够迅速理解并应用。

在这个信息和知识都过剩的时代，相比于“鱼”，我更希望告诉大家“渔”的方法，因为方法永远比知识更重要，这些方法论是指导我们解决产品问题的核心逻辑。而且，这些方法都从实践中来，不仅有理论支撑，还有案例佐证，能够帮助我们解决问题，可以为日后的工作提供助力。

与大家一样，即便我在产品领域里拥有丰富经验，可以在书里侃侃而谈，我也依然要继续走在求知的道路上，不断地充实自己、完善自己，汲取新的知识，迎接新的考验。希望书里所整理的经验与教训、所提供的理念与方法，能够给大家以启示，让大家少走一点弯路。假如读者的职业生涯、人生道路能够受益于我的一言一语，我将甚感欣喜，这也是我不断走下去、走向前的动力。

产品有形，大道至简。这一路，与同人们、读者们，共勉。

前　言

在这个移动互联网时代，变化正悄悄地发生着。过往的“营销为王”“渠道为王”，现在已经回归到了“产品为王”，回归到了商业的本质。

过去的产品观念之所以难以获得成功，是因为企业管理者、产品经理们站在生产角度看待产品；现在的产品导向之所以受到追捧，是因为他们终于学会了站在消费者角度去看待产品、规划产品、调整产品。

现在，各大商业巨头都在产品上不断深耕，改进产品价格、产品质量、物流速度等，目的是给客户带来更好的体验、给企业赢得更好的口碑、赚取更多的利润。这些企业的崛起，不一定是源自营销的成功，但一定是源自产品的成功。

史玉柱说过：“老板关注什么，资源就向这个领域集中。老板抓什么，这个就是企业的战略。”所以，那些风云企业的CEO（首席执行官）们几乎都是亲自抓产品，可见产品与企业命运息息相关。谷歌的创始人一直在“X实验室”里工作，站在研发最新产品的前线。从创办苹果伊始，乔布斯就在亲自监管产品，亲自举办产品发布会，参与产品管理的方方面面。编程起家的比尔·盖茨在辞掉CEO后，继续兼任CTO（首席技术官），未曾在产品问题上有所松懈。

对中小企业而言，如何在这个“产品为王”的时代存活下来、并且活得精彩呢？你要做的、你能做的，或许只是8件事，它们也是产品的8个关键密码。

密码1，产品策略选择。一共有4种常用策略，分别是单品极致化、产品专业化、市场专业化和选择性专业化。这4种产品策略，没有孰优孰劣的区别，只有适不适合自己的区分。企业要根据自己的资源、优势、渠道等情况，对应每个产品策略的概念，审视自己更适合用哪种产品策略、哪个策略更适合企业的发展。在产品策略上持续稳定，在执行上多层聚焦，便可以收获预期的成功。

密码2，产品价值定位。正确的价值定位是构建价值网络的依据。价值定位包括四要素：

客户的需求点、产品的差异点、产品的利益点、产品的支撑点。塑造价值的关键在于塑造“意义”，“意义”要在价值定位四要素里进行深入挖掘，根据客户需求的“基本—外延—升华”，介绍产品利益点的“使用功能—可用性—意义”，最终提升产品竞争力。

密码3，产品规划体系。产品规划是策略层的一项重要工作，负责设计产品线、搭建产品结构。产品规划必须以市场为导向，并充分细化目标市场，对产品结构进行合理调整，使产品在合适的市场充分释放潜力，特别要考虑好产品组合的宽度、深度与关联度。

密码4，产品品牌战略。纵观市场，产品就是那些产品，服务就是那些服务，客户就是那些客户。在千千万万同类产品中，消费者选择我们产品的理由是什么？请让品牌成为卖点之一。品牌是独特的社会价值与时间价值的产物，有着很强的吸引力、号召力和影响力。当企业发展停滞不前或是出现阻碍、寻求自我突破的时候，重新定义品牌是一条必经之路。

密码5，产品价格体系。产品价格是企业产品保持增长的核心驱动力，也是企业产品增长的主要力量。在我们的常规认知中，“高品质＝高成本＝高价格”，“低品质＝低成本＝低价格”。其实，给产品定价格与给产品定价值一样，并不依靠简单的线性思维。既要考虑到实际成本上的精打细算，又要尊重产品生命周期的特点，还要利用多种定价方法，灵活控制产品价格，以此来应对市场需求、客户需求，与竞争对手相比，时刻保持略占上风的竞争优势。

密码6，产品创新体系。时代发展瞬息万变，任何企业都需要与时俱进，否则，产品会被淘汰、企业更会被淘汰。谁能持续产出符合顾客需求、拥有高品质的新产品，谁就可以赢得市场先机。小企业依靠产品创新可以实现弯道超车，大企业依靠产品创新可以创造第二增长曲线。创新是企业安身立命的必需品，也能为企业带来更上一层楼的机遇。

密码7，产品经理管理。产品经理是企业的守门员、品牌的塑造者，更是营销骨干。产品经理这个角色必须由专业的人来担任，负责并保证高质量的产品按时完成和发布。一个优秀的产品经理必须具备多种素质与能力，对产品高度认真、对企业高度忠诚、对客户高

度负责。这样，他才能带动产品结构、产品线、核心产品良性发展，甚至影响整个企业的命运。

密码8，产品价值传播。产品是好产品，如何让客户了解并接受这些好产品？有效的价值传播可以让产品营销锦上添花。找准目标受众，提炼出产品的差异点和支撑点，通过多元化的形式、适宜的渠道传播出去，产品就能打响知名度，实现口碑、销量、利润同步提升。简言之，产品价值传播，就是把正确的内容，用正确的形式，通过正确的渠道，在正确的时间，传播给正确的对象。

通过以上8个产品密码，我们可以看到，任何商业模式都必须依附于产品之上。不管到哪一个时代，企业之间比拼的永远都是谁能更好地满足消费者的需求。谁能塑造核心产品极高的性价比，谁就可以拥有持续的竞争力，在这个“产品为王”的时代，谁就能成为行业中的王者。

目 录

01

第一章

梳理出企业的核心产品

※ 企业的运营和发展出了问题，往往是因为商业模式选择有问题，或是因为产品出了问题。如果是商业模式选择有问题，管理者要重新审视现有模式是否适合企业、是否符合时代需求，并做出相应的调整和升级。如果是产品出了问题，管理者要梳理出核心产品，然后对产品问题进行系统性分析与诊断，抓住关键点，找到错配点，从而最终解决企业的问题。

1. 不同思维衍生的六种模式

对于现代企业而言，要想在激烈的竞争中成为真正的赢家，就必须能够持续地获得比同行对手更大的利润，这样，才能够战胜对手。而要做到这一点，就必须拥有一种有效的盈利模式。宽泛一点来描述，可以把这种盈利模式称为企业的商业模式。

经典案例

腾讯的商业模式

腾讯公司通过网络让数以亿计的人们建立起各自的朋友圈，让他们成为“忠实”而具有黏性的用户，在国内通信领域，根本就没有公司能与之匹敌。不仅如此，腾讯公司围绕QQ不断开发出游戏产品，吸引用户娱乐消费，从中收取了比广告费还要多的巨额费用。因此，腾讯公司成为国内社交和游戏领域的大赢家，时时刻刻都在“闭着眼睛”安稳地赚钱。

可见，一个好的商业模式是一家企业实现“十倍利润、十年成长”的关键要素。可以这么说，现代企业之间竞争的最高境界，既不是产品和人才的竞争，也不是营销和服务的竞争，而是商业模式的竞争。对于一家企业而言，无论是在起步期还是在发展期，商业模式都是关乎其兴衰成败的头等大事，是竞争制胜的关键。

张雷点醒

在做好产品之前，创业者的第一要务，是设计和创立好的商业模式；经营者的第一要务，是构建、完善和创新好的商业模式。

那么，什么样的商业模式才是好的商业模式呢？

（1）点的模式——买卖思维。

“点”，就是每一位产品或服务的参与者。这种模式是买卖思维的商业模式，经营者基本上都是产品或者服务的提供者。

早期的点的模式没有形成太完整的品牌理念，经营者一般都是通过口碑、人脉等方式来扩大影响、发展客户。但在当今时代，特别是随着互联网的兴起与发展，电商平台的崛起，催生出很多新的“点”，比如美团的外卖配送员、滴滴的司机等，他们依托于平台，基本上用不着自己发展客户，但必须遵守平台的规则。

点的模式非常简单，机会也特别大，只需要发现好的机会，并适时抓住商机，就有可能得到快速成长。因此，有生意头脑、不太擅长大公司运作的人，只要能够把握好时机，就可以选择这种商业模式。但是，点的模式主要依靠产品或者服务，壁垒比较低，挑战特别大，如果有其他人能够提供更好的产品或服务，你就很容易被取代。

（2）线的模式——投机思维。

线的模式是一种投机思维的商业模式，特别是在互联网时代，“线”就是附着于平台上的海量卖家，他们采取的是一整套全新的打法，以消费者为导向，同时利用好平台，创造出商品和服务，再卖给消费者。也就是说，他们充分利用平台的网络效应，尽量利用平台上的基础服务与资源，以较轻的资产就能够得到快速发展，而不是自己花费成本搞重复建设，同时他们善于对“点”带来的机会进行整合。

“线”企业的兴衰不仅取决于产品本身的竞争力，还取决于企业的生产效率和营销能力。因此，越来越多的“线”企业都注重品牌的价值与建设。好的品牌能够给消费者带来更好的产品和更好的服务，这不仅使产品的价格上去了，更重要的是，由于企业的形象与品牌的形象联系在一起，有了品牌的影响力，企业就更能够得到消费者的信任。所以，由品牌形成的壁垒比由产品和服务形成的壁垒更高一些。

做好一个品牌，也是门户时代互联网公司的一个思维方式。为此，它们在渠道方面也加大了投入，比如格力会让它的各级经销商都加入进来。这种品牌思维方式，就是企业想通过品牌的影响力与品牌的定位，找到与之匹配的消费者。同样，消费者找到自己想要的产品，很可能就会告诉身边的人，分享到朋友圈，其结果是企业口碑以更快的速度传播。这样，通过各级渠道，企业就会搭建起更多、更强的产品与消费者之间的连线。

（3）面的模式——中介思维。

“面”就是平台。这种商业模式是一种中介思维的商业模式，并且是不同于以往的全新的商业模式。“面”企业通过搭建的平台广泛连接不同的用户，并使之协同合作。同时，它们建立起各种机制，享受网络效应的好处，促使全局利益最大化。

“面”主要靠用户的成功匹配来获取价值，用户匹配效率越高，平台获取的价值就越大。比如淘宝、京东、苏宁易购、贝店、云集等都是典型的“面”。“面”企业的立身之本是网络效应和协同机制，而不是单一产品或服务的研发能力，也不是市面上的稀缺资源。在“面”企业搭建的平台上，真正提供产品和服务的是“线”，即卖家。

假如“面”企业不能提供足够丰富的基础设施，吸引新的“点”和“线”，不能让原有的“点”和“线”发挥最大的活力，一旦出现更有活力、更强大的“面”，这些“点”和“面”就有可能被吸引。这样一来，原来的“面”就会慢慢地萎缩，变成新“面”中的“线”和“点”，甚至消失。典型的案例是盛大和腾讯的竞争。

（4）立体的模式——资本思维。

在“面”的运行过程当中，如果“面”的基础足够强大，它就会逐渐繁盛，进而孵化出新的“面”，新的“面”又会逐渐发展壮大，脱离原有的“面”成为独立的“面”，并且不断地扩张和衍生。这些有千丝万缕关系的“面”，相互交错融合，就会逐渐形成一个日趋完善的“体”。“体”负载更多的商机，它的势能往往足以冲击传统的行业，从而推动经济升级换代。“体”是一种基于互联网的新型经济体，“体”的模式是一种资本思维的商业模式。

经典案例

淘宝的立体模式

淘宝市场的根基是支付和信用，淘宝衍生出了支付宝；支付宝经过发展，逐步成为一个独立的第三方的支付平台；又经过发展，逐渐衍生出蚂蚁金服；蚂蚁金服经过发展，推出很多种创新普惠的金融服务，成为另一张新的“面”。阿里云起初是淘宝的一个“面”，它的业务是支撑所有淘宝卖家的电商云，后来也逐步孵化出其他的创新服务。

（5）多元的模式——坐庄思维。

多元的商业模式是“点、线、面、体”这四种商业模式的组合，这是一种坐庄思维的商业模式，它是一个协同网络，是平台与多元物种的组合，其核心角色是“点、线、面”。也就是说，从产品到品牌与渠道，再到平台，最后形成一个完整的生态系统。

经典案例

阿里巴巴与苹果的多元模式

阿里巴巴的多元模式是打造信用体系、金融体系、物流体系、小企业工作体系和大数据体系的生态系统，据不完全统计，阿里巴巴在电商、文娱传媒、物流、金融、教育、餐饮外卖、旅游、生活服务、游戏、体育、内容资讯、社交、医疗健康、交通出行、公益、技术硬件、企业服务等领域进行投资或者运营，不断地完善阿里巴巴的生态系统。其中，信用体系中的支付宝是让阿里巴巴崛起的标志，比较知名的独角兽企业蚂蚁金服是金融体系中的佼佼者，物流体系中菜鸟网络遍地开花，小企业工作体系中拥有淘宝、天猫等电商品牌，大数据体系更是有繁多的企业。

苹果公司，就打造了云服务这样一种生态系统，这种生态系统具有很大的黏性，能够让它的用户离不开，也不愿意离开，以至于他们使用的手机、手表、电脑、平板全都是苹果的。为了使家人之间的共享更方便，一个用户的家庭甚至都离不开苹果的产品。而要想改换成别的系统就非常不容易，因为更换的成本太高：资料数据都备份在iCloud（云端服务）上，应用数据都放在App Store（软件商店）上，还有与其他设备之间的联系、与家人之间的联系等都不好转换。

从上面的介绍可以看出，“点”与“点”相连，形成了“线”，“点”与“线”的繁荣，促成了“面”的形成与逐渐繁盛。一方面，“面”支撑起“点”和“线”并给它们赋能，另一方面，“面”的衍生及与其他“面”的交织融合，又形成了“体”。那么，是不是这四种模式一种比一种更全面有效呢？其实也不尽然。比如说，很多外包公司的盈利比很多O2O（线上到线下）公司还要多；专业做解决方案的IBM（国际商用机器公司）的市值，比一些做完整生态系统的公司要高。

需要提醒的是，绝大部分企业选择商业模式只需要考虑“点、线、面”三个模式即可。因为“体”的模式是经过若干年演化而来的，并且需要大量的资金基础，可以以后再慢慢考虑。

因此，企业在选择商业模式的时候，必须先弄清楚自己的能力与愿望：是具有提供具体产品和服务的能力，还是具有整合产品和服务的能力，甚至是具有建设平台的能力？这个问题弄明白了之后再做决定。也就是说，每个商业模式能够把握的商业节奏是不一样的，企业选择的商业模式一定要与自己的能力相匹配，才能有节奏地运转起来，后面的一系列的问题便可迎刃而解。

（6）时代的模式——周期思维。

然而，对于绝大多数的“点”和“线”来说，极重要的战略选择之一就是选好合作的“面”。“面”选对了选好了，企业的发展将事半功倍。因为企业真正的竞争对手往往不是同行，而是大时代的潮涨潮落。

经典案例

网红电商品牌的存与亡

2015年，许多网红电商品牌兴起并走红，它们在很多不同的社交平台上百花齐放，淘宝、蘑菇街等不同的电商网站都在“东征西讨”，都力图将最有潜力的KOL（关键意见领袖）拉拢到自己的平台之上。当时，部分网红电商品牌加盟淘宝和微博，因为它们认准这两个平台未来一定会越走越近。事实证明，淘宝和微博的资源及技术确实逐渐整合，打通了产品和数据，实现了跨平台营销。接着，两个平台又合力打造出更加优越的经营环境，促使平台海量卖家在短时间内迅猛发展。而很多没有看准行情的网红电商品牌则逐渐没落了。

由此可见，在智能互联网时代，企业必须以全新的思维、站在理性的角度去思考自己的竞争对手，用敏锐的嗅觉和精准的视角去寻找选择自己的合作伙伴，需要付出脱胎换骨的努力，需要获取众多资源的支持，当然很多时候也需要运气。

最重要的是用战略的眼光和魄力，看准和把握住时机，抓住“点、线、面、体”转化的关键时刻，把握住时代潮起潮落的节奏。

2. 产品为王的时代已经来临

企业生产或出售产品，不仅是为了获取利润，更是为了让自己获取的利润价值最大化。但企业能否赚到钱，能否让自己赚更多的钱，就在于能否打造出让自己更赚钱的产品。因为产品是一家企业利润最大化的载体。

所谓企业产品，就是企业向市场输送的，能够引起人们的注意，能够让人们获取、使用或者消费，能够满足人们欲望或者需求的东西。产品既包括有形的物品，比如手机、电脑、打印机、衣服、食品等，也包括无形的东西，比如服务、软件、操作系统等。

正是由于产品对于人们有用，能够满足人们的某种需求，企业才会去制造产品，产品被制造出来才能被销售出去，企业的利润才可以实现。没有产品，企业就不可能获得利润。因此，产品承载着利润，是企业获取利润的关键所在，是企业利润最大化的载体。

一家企业的产品，就代表了一家企业的战略。企业要想使利润最大化，就必须把自己的产品做多、做强、做到极致。

很多成功的企业家，都是亲自抓自己的产品。比如乔布斯，从创办苹果公司开始，他就不仅一直在亲自抓公司产品，还亲自举办产品发布会。再比如编程起家的比尔·盖茨，尽管辞掉了公司的首席执行官一职，但他还担任首席技术官。中国也有很多搞技术出身的IT（信息技术）精英，比如说百度总裁李彦宏，搜狐董事局主席兼首席执行官张朝阳，他们的关注点也在于打造出自己的产品。这些风云企业的老板们之所以成功，就是因为他们的产品成功。他们既懂得消费者的需求，又能够把产品制造出来顺利出售，从而获取他们想要的最大利润。

对于中小企业来说，一定要做出自己的产品，做好自己的产品，才有可能获得更多的利润。但企业研发了自己的产品，生产了自己的产品，还不等于获取利润，企业只有将产品通过正规的渠道，实实在在地销售出去，利润才能够实现。

那么，企业该怎样才能快速地销售自己的产品呢？大家很可能马上就会想到做广告、召开产品发布会、建立自己的营销队伍等。但上述都是比较传统的销售方式，它们的步伐似乎跟不上时代的节奏。

因为当今是互联网时代，聪明的商家搭建起很多电商平台，各地电商和客户云集于各个平台之上，让客户可以实现足不出户便能货比三家、完成商品的买卖。特别是现在，随着移动互联网的发展，一部手机就是一个客户终端，人们随时随地都可以进行商品交易。这不仅使电商拥有更多客户，还使产品信息的传播速度更快，传播范围更广，结果势必会加速产品的买卖，加快商家积累财富。因此，越来越多的互联网企业和电商平台，都将手机客户端作为其销售的主战场之一。

这样一来，过去很多传统的长期垄断市场的产品似乎受到了冲击。现在的产品交易，呈现的几乎是一种不可控制、百花齐放的景象，很多小公司的产品，甚至个人的产品，都有可能在一夜之间火起来，从而为产品所有人带来巨额的利润，使其在一夜间暴富。

但是我们也要看到，互联网给企业带来商机和财富的同时，更给他们带来了危机和挑战，因为现代人对产品的要求越来越高。比如说，一个人在他的手机上安装了一个App（手机软件），如果在5秒到10秒之内搞不懂使用方法，或者觉得不好用，便很可能会把它卸载掉。但是，如果他在1分钟之内觉得这个App对他很有用，能够提高工作效率，可以节省时间，对生活、咨询或者娱乐等方面都非常有价值，那么他不仅自己会使用这个App，还可能向身边的同事和朋友介绍和推荐，甚至会通过移动社交网络发布这个App的相关信息。如此，这个App便很可能会在短时间内被很多人认同和应用，从而引发这个App在手机应用商店排名的快速增长，进而引发更大的下载量。现在很多App往往就是这样突然火爆起来的，在三天到一个星期的时间内，便风靡全国。

然而事实上，拥有火起来的产品也不一定就意味着成功。尽管互联网能够让人们快速推销自己的产品、快速实现盈利，但是产品一诞生、一推向市场，便会面临着同行的挑战，面临着客户的检验，经受着市场的种种考验。没有竞争力的产品，随时都会被同行推出的使用价值更高、更容易操作的产品取代，随时都会被要求越来越高的客户淘汰掉，随时都会被市场“亮红牌”。因此，火起来的产品如果慢慢不火了，很可能是产品出现问题或者设计理念落后于时代了。在这种情况下，如果企业再按照老思路去做，那么基本上就会是“死路一条”。企业只有寻找新路子，搞创新，保质量，才有可能重新获得成功。

张雷点醒

对于当今的移动互联网时代来说：产品即广告，广告即产品；产品即渠道，渠道即产品；产品、经销、营销皆为产品。做自己的产品固然重要，但做好自己的产品，不断创新自己的产品，让自己的产品经得起同行的挑战、经得起市场的考验，满足客户不断提高的需求，变得更为重要。用简单的话来说：产品为王的时代已经来临！谁以产品为王，谁才可能成为王中之王！

3. 梳理步骤1：了解产品架构

产品是企业利润最大化的载体，互联网的时代也是产品为王的时代。所以，企业老板都必须对自己的产品了如指掌。但是很多时候，企业老板连自己的企业有多少个产品都记不清，哪些产品盈利、哪些产品不盈利更分不清楚。为什么会出现这种情况呢？因为他们没有对自己的产品进行分类、分层、分级，更难以理解企业的核心是什么、公司目标是什么、销售业绩是什么、利润是多少等。

那么，一家企业的老板怎样才能清晰地记住自己的产品，并对它们做到心中有数呢？其实很简单，就是要对企业的产品进行梳理，基本的工作就是先做一个组织架构图，了解清楚产品层级、产品线、产品的大致情况。

根据功能、用途或者其他分类，我们可以将公司的产品划分为一个或者多个大品类。比如，科技公司可以把自己的产品分为打印机、电脑、服务器等几个大品类；素食公司可以将自己的产品分为凉菜品类、豆制品品类、乳制品品类、蛋制品品类等几个大品类。

大品类分出来之后，继续对某一个大品类进行分类，就可以梳理出产品线。比如，科技公司可以把打印机分为黑白打印机和彩色打印机，把电脑分为笔记本电脑和台式电脑；素食公司可以把凉菜品类分为凉拌菜和凉蒸菜。产品线厘清之后，再进行产品型号、产品编号、产品价格的分类。

为了更清晰地了解和掌握产品情况，企业老板还可以做一个工具表格，把产品往里面填充，从大到小、从笼统到细致。这样一路梳理下来，层级分明，井井有条，再多的产品也不会混乱，根本不需要死记硬背，就可以对所有的产品了如指掌。

张雷点醒

要知道，如果管理不捋顺，企业就会乱作一团；如果各环节工作不协调，就会造成压货；如果费用支出搞不清楚，就会造成成本的增加；如果不对产品进行梳理，就会抓不住重点产品……这么多隐患问题逐渐积累，最终就会导致企业亏损。所以，我们必须对企业的成本、产品等都进行一下梳理，才能找出核心、找出问题，聚焦核心、解决问题，实现企业收入的稳健增长。

4. 梳理步骤2：关键数据让核心产品“水落石出”

通过对产品的层级梳理，我们可以很清楚地掌握自己的产品，但我们的目的并不仅仅是掌握产品，而是通过掌握产品让自己的企业实现利润最大化，并做大做强企业。

怎样才能达到这个目的呢？我们需要找到核心产品，要找到最能给企业赚钱的产品。为了得到准确判断，我们不能仅凭主观想象和个人感觉，必须依靠实打实的数据说话，比如营业收入增长率、毛利润、毛利润增长率等财务数据。因此，我们要先掌握以下三个公式。

公式一：

营业收入增长率=（本年度收入-上年度收入）/上年度收入

营业收入增长率，指的是企业今年的营业收入与去年相比是增长了还是减少了，增长了多少，增长的幅度是多少。

公式二：

本年度毛利润＝收入–成本

或者，本年度毛利润＝收入×毛利润率

毛利润率＝（收入–成本）/收入

这里的成本，包括财务成本、原物料成本、业务成本、管理成本、运输成本、加工成本、机器设备摊销费用、返点费用、广告营销费用等。

公式三：

毛利润增长率＝（本年收入–本年成本）/（上年收入–上年成本）

在梳理核心产品的过程中，我们需要抓住以下六个关键数据。

（1）产品的销售收入贡献。

首先看看哪一个品类的销售收入贡献多，再看看在这个品类里的哪个产品线销售收入多，接下来在销售收入多的产品线里找出哪一个产品的销售收入最多。

该产品线的销售量越大、越稳定，说明产品线的市场份额越大、竞争力越强，并有可能呈增长趋势。

（2）产品的利润收入贡献。

找出核心产品，不仅要看哪个产品的销售收入贡献大，还要看哪个产品的利润收入贡献大。梳理方法与梳理产品的销售收入贡献的方法一致。

对于企业来讲，产品的毛利润是很重要的，有了毛利润才有可能有纯利润，才有可能赚到钱。毛利润率是评判一家企业业绩及发展前景的一个重要会计指标。通常情况下，我们以毛利润率25%为界，毛利润率越高，产品赚钱的可能性就越大，企业发展的前景就越好。

比如，有两家企业，一家企业毛利润率达到60%，纯利润率为15%，另一家企业毛利润率只有30%，纯利润率只有5%。很显然，前一家企业要比后一家企业好，因为它的毛利润率高，这家企业更有发展的空间。但是为什么这家企业有高达60%的毛利润率、却只有15%的纯利润率呢？很可能就是因为企业老板不懂得梳理企业产品线，没有梳理出产品线的核心和非核心，人力、物力等资源错配，或者该企业的管理成本、运营成本和财务成本很高。这家企业的老板只要对各产品线进行梳理，梳理出毛利润贡献大和毛利润率较高的产品线，并据此稍微做一下调整，未来纯利润率就很可能会达到25%～30%。而另一家企业只有30%的毛利润率，它的产品空间利润这么小，即便企业老板再怎么进行调整，也不会带来更高的纯利润，弄不好还会亏本、赔钱。因为这家企业所处的行业可能同质化竞争非常激烈。

另外，还要综合企业的总资产、净资产、库存量、应收账款等数据来考量。有时候，尽管从账面上看某个企业的营业收入还是可以的，但是其利润收入偏低，问题就出在产品上。一是因为产品的库存量大，占用了很多资金；二是因为卖出去的产品货款收不回来；三是因为产品的销售费用高，毛利润和净利润都太少，赚的钱都变成了库存和应收款。如果经常出这样的问题，那么就算企业的总资产再多，企业的银行账户上肯定也见不到钱。因此，任何一家企业老板都必须重视产品结构调整，不把产品结构调整好，企业利润就不能实现最大化。

对比产品的利润收入贡献，重点是梳理各个产品线的毛利润在总毛利润中所占的比例。企业老板通过对占比分析，就可以知道要做哪些产品、哪些产品线需要加大投入、哪些产品线应该缩减投入等。那些毛利润贡献占比少，又需要投入大量人力物力等资源，营业成本高的产品线，基本上就可以砍掉了。

（3）产品线里的角色划分。

在高利润率产品线梳理出来之后，我们还要看在这个产品线里面，贡献大的角色是什么、贡献小的角色是什么，找到“明星”“佼佼者”。进一步对贡献大的产品进行规划和加大投入，培育成优势产品，扩大生产和销售，以便更好地参与市场竞争。同时，要对低利润率产品线中的产品进行分析和梳理，以便进行优化或淘汰，以此提升该产品线的毛利润率。这样所带来的销售额和利润，肯定会远远大于减掉的那部分产品所带来的销售额和利润。

张雷点醒

有了明确的目标（主推哪些产品）、清晰的道路（企业发展规划）、减负后的行囊（淘汰掉劣势产品），企业很快就能获得成功了。

（4）企业收入增长的来源。

表面上梳理的是收入增长的来源，实际上要梳理的是增长的客户来源与客户需求，目的是找到营业额的增加主要是源于哪些客户。

比如，某家企业2016年有客户774个，销售人员14个；2017年有客户600个，销售人员13个；2018年有客户583个，销售人员12个。虽然客户数量少了，但营业收入呈逐年上升趋势，说明客户质量越来越好。用营业收入除以客户数量，便可以得出每个客户的贡献率。

我们需要明确每一个产品是由哪些核心客户贡献的主要收入和利润，确保与这些客户（及经销商）合作的紧密与顺畅，实现企业收入的稳定增长。

（5）企业利润增长的来源。

通过对比同期数据，企业可以找到利润增长到底来自哪一条产品线。通过梳理产品线的增长率，企业可以知道产品线的市场空间。

（6）企业动力增长的来源。

企业在找到利润出现显著增长的产品线之后，可以顺藤摸瓜，找出这条产品线到底是哪个业务部门与业务员负责的。建立起相应的产品管理制度和流程，平衡业务部门与业务员的授权权限，对重大问题实行总经理负责制。

5. 梳理步骤3：找到错配点，做好“加减乘除”

通过梳理和分析，我们可以看出，产品、客户、市场、销售、收入、利润是相互连接、相互匹配的，它们相互交织在一起，形成一个非常完整的体系。其中任何一个环节出现问题，都会影响到其他环节，从而影响整个体系。

企业要想做好产品，必须明确本企业核心产品的客户与收入来源，明确利润的来源，明确市场和客户的匹配程度，明确未来聚焦的产品与客户。因为，市场和客户都是瞬息万变的，企业老板即便生意做得非常顺风顺水，也要居安思危，经常诊断一下，搞清楚以上这些，你就能成为企业的“医生”，能够为产品问题“把脉”，进行系统性诊断。

（1）对问题进行分析、梳理与规划。

对问题进行分析、梳理与规划，应该坚持由外而内的原则，共分为三个层面。

第一个层面是“目标动员”，也就是要先设定目标。一般情况下，公司董事会每年都要求先确定业务目标，并根据业务目标决定业务策略与规划。业务目标的模式一般为“增长—利润—回报”，比如今年的营业收入要增长多少、利润额要增长多少、投资回报率要增长多少等。

第二个层面是“策略动员”。首先，对应产品与细分市场，理解收入和利润来源，找到企业的市场在哪里；其次，通过市场调查，通过对大数据进行分析，选择企业核心客户；再次，根据企业的情况确定企业的产品系统，划分建立产品线概念，分析产品财务状况，明确核心产品，聚焦当前的业务重点；最后，根据市场和客户对核心产品的需求量，预测企业的业务量，设定一个业务目标，规划出营销方案，对销售人员、销售团队进行部署、配置，采取激励措施。

第三个层面是“战略动员”。对企业老板来讲，产品代表一种模式，也代表一种战略。要把着眼点从具体的产品上升到企业的发展上，通过产品的竞争体现出企业的竞争，通过提高产品的竞争力提升企业的竞争力。换句话说，要坚定地将“产品为王”的意识深刻地植入企业每个人的头脑。

（2）做好“加减乘除”四则运算。

通过上述三个层面的层层聚焦，我们找出了问题到底出在哪里：客户是做多了，还是做少了；产品是做高了，还是做低了；产品做少了，还是做多了；业务人员多了，还是少了；业务费用高了，还是低了等。明确了错配点之后，便可以有针对性地做出以下调整。

做加法，就是增加能给企业增加效益、提高利润的产品。

做减法，就是淘汰低贡献、高成本、高费用的产品。

做乘法，就是加大对贡献收入多的产品的投入，发挥“乘数效应”。

做除法，就是对产品线进行精益管理，做小分母、降低成本，也就是提升产品线盈利能力的同时，缩减产品线的规模。

例如，一个培训机构，起初开了很多专业课，可是却没有真正地找来目标客户。虽然员工辛辛苦苦地忙活了一年，但年终报表一出来老板才发现，利润率没有上来，费用又很大。老板通过梳理发现，“一般商业模式效益”课程的利润很高，“小班培训”课程的效益也很好，其余的培训产品则利润贡献少、费用大。于是这个机构的老板便进行了调整，把利润低、投入大的培训产品进行了削减，把人力、物力、财力聚焦于能赚钱的“一般商业模式效益”和“小班培训”这两个产品上。经过调整后，销售额和利润都得到了大幅提升，同时费用支出大幅减少。

阅读思考

（1）你觉得自己的企业更适合哪种商业模式？

（2）对企业的产品架构进行详细梳理，整理成表格。

（3）找出企业的核心产品、核心客户，制订相应的产品规划与营销方案。

02

第二章

密码1：产品策略选择
——给自己设定边界，选择做什么不做什么

※ 企业怎样做好自己的产品？怎样检验自己做出的产品有没有问题？答案就在产品的这8个密码中：产品策略选择、产品价值定位、产品规划体系、产品品牌战略、产品价格体系、产品创新体系、产品经理管理和产品价值传播。我们从产品策略选择开始学习。

1. 产品策略是生产经营活动的标线

产品是企业利润最大化的载体，所以企业的一切生产经营活动，都是以产品为中心来进行的。但是在企业的运行过程当中，常常会出现产品生产过多、产品大量积压、产品卖不出去等问题，导致企业不盈利甚至亏损，完不成既定目标。为什么会出现这么多问题？往往是因为做产品的第一步就错了，也就是说选择了错误的产品策略。

很多中小企业都不知道产品策略是什么，不知道选择产品策略对企业来说意味着什么，所以根本就没有产品策略，想做什么就做什么，想做多少就做多少，结果做得一塌糊涂、不得要领。如果企业没有明确的产品策略，不给自己设立标线，做起事来就会毫无头绪、拿捏不准尺度和力度，导致企业在生产经营活动中出现一系列的问题。

所谓产品策略，就是描述产品与市场、产品与客户的对应关系。明确企业的产品策略，就是明确做什么和不做什么。企业老板必须明确适合企业发展的产品策略，明确自己要走哪条路来实现企业的目标。

其实，企业不能为了做产品而做产品，良好的开端等于成功的一半，明确产品策略是企业做产品的第一步。然后把产品的价值定位好，把产品规划好并上升到品牌战略高度，再用心研发产品，研发完产品之后定价，定价之后传播推广……产品就是这样一步一步做出来的。

那么，企业做产品时该怎样选择自己的产品策略呢？

张雷点醒

有四类产品策略供我们选择，分别是单品极致化、产品专业化、市场专业化和选择性专业化。这四种产品策略，没有孰优孰劣之分，只有适不适合自己之别。

例如，你的公司要在国内上市，可以选择在上海证券交易所上市，也可以选择在深圳证券交易所上市，公司最终都会上市，关键是哪里更适合你。又如，你去北京，可以选择自驾，可以选择坐高铁，可以选择坐飞机，选择哪一种方式都能到达目的地，关键是要根据自己的实际情况，判断一下哪种方式更适合你。

同样，选择产品策略，需要了解竞争对手使用的是什么产品策略，自己的优势是什么，是否具备开展这种产品策略的团队优势与渠道优势，等等。也就是说，企业要根据不同的情况来选择不同的产品策略。

2. 单品极致化，持续性地控制市场

单品极致化策略的特点是：产品和客户高度聚焦。产品只做一个，做到极致专业，做到完美无缺；客户只做一类，紧紧抓住这一类的所有客户。

经典案例

法国依云矿泉水——始终高端

法国依云矿泉水，选择的就是单品极致化策略。它的水都是在水源地直接装瓶，每天都会有300多次的水质检查，无论是量大还是量小的包

装，品质都是一样的。其目标客户都是高收入人群，特别是处于孕期和哺乳期的高收入女性。依云的产品策略就是高度聚焦在一类产品，高度聚焦于一类客户。

早期的福特和今天的特拉斯，都采用了一种产品单品极致化策略，目的就是建立一个有意义的细分市场。它们最终也成就了伟大的事业。在手机市场，其他手机品牌每年都要推出几款甚至十几款不同型号配置的手机，而苹果手机事业部选择的是单品极致化策略，所以使用苹果手机的人，和使用其他手机的人，感觉是不一样的。

这些企业的产品基本上都符合以下特点：

一是品牌环节极致化单一，也就是只做自己的品牌；

二是产品品质极致化把控，产品的口味长期不变；

三是销售环节极致化覆盖。

经典案例

百年老店吴裕泰的茶之“道”

中国的很多百年老店选择的也是单品极致化策略。茶叶行业里的百年老店吴裕泰，就只做“自采、自窨、自拼”的茉莉花茶，它自拼的几十种茉莉花茶，虽然价格不同，但每种茶叶都是质量上乘，口味百年不变。

早年，吴氏茶庄（吴裕泰前身）就誉满京城。当时上至达官显贵，下至布衣百姓、三教九流，品茶会友，壶里杯中，都少不了吴氏茶庄的茉莉花茶。

现在吴裕泰的茉莉花茶仍然颇受广大消费者的喜爱，消费者大多是回头客、老主顾，甚至有的家庭好几代人喝的都是吴裕泰的茶叶。在互联网时代，邮购、网购等丰富的销售渠道也令吴裕泰的客户遍布全国。

这样看来，似乎选择单品极致化策略是一件很轻松、很赚钱的事情，只要一心一意把产品做到极致即可。不过，单品极致化有一个明显的缺点，那就是风险很高，一旦失败，就会是100%的失败。好比把鸡蛋都放在一个篮子里，一旦企业受到冲击，失去控制力，就会满盘皆输。

因此，企业选择单品极致化策略，具有对市场的控制力是业务发展的关键。企业一定要选择对市场颇具控制力、成功概率大的产品。

3. 产品专业化，不断拓展细分新市场客户

产品专业化策略，就是聚焦同类产品，通过产品线的再次细分，满足不同细分市场的客户需求，树立产品专业度和美誉度。

比如，宝马聚焦的产品品类是汽车，只做汽车产品，不做其他。宝马的汽车又分为轿车和SUV（运动型实用汽车）两个品类，在这两个品类下，又细分出很多产品线，产品线经细分又分出了各种不同型号、不同规格、不同价位的汽车，以此满足市场上不同客户的需求。

再比如，童装专卖店只卖童装，男孩的童装、女孩的童装，春夏秋冬的童装，新生儿的童装、婴幼儿的童装、大童的童装，应有尽有。

经典案例

巨鹏食品的“起死回生”

巨鹏食品原来选择的就是产品专业化策略，专门做土豆产品。第一条产品线是土豆泥，客户是食品厂和连锁餐饮机构负责人；第二条产品线是清洗土豆上的泥，客户是农贸市场批发商；第三条产品线是土豆深加工

（薯条、薯片等休闲食品），客户是超市或店铺负责人。

但在实际的运营中，出现了不少问题。

第一个问题，第一条产品线的土豆泥，很容易就可以卖给食品厂和连锁餐饮机构，但是要发展第三条产品线，就要拓展超市、店铺负责人这类客户，由于这家公司前身是工厂，没有专门的业务人员，缺乏相应的客户渠道，开拓业务的难度大，遇到了不少困难。

第二个问题，由于销售人员有限，他们必须身兼数职，在三条产品线的客户中间来回拜访，一会儿穿着西装打着领带，到一些食品厂和连锁餐饮机构谈土豆泥的生意，一会儿换回便装到农贸市场与批发商打交道，一会儿到超市里面去投标，一会儿找超市代理渠道……忙得焦头烂额。

由此可见，尽管这家公司的产品很聚焦，但没有做产品专业化的优势，人员少，渠道少，不具备拓展全部细分市场客户的能力。由于选错了产品策略，公司什么都没有卖好，赔了不少钱，眼看着就要做不下去了。

最后，这家公司是怎样“起死回生”的呢？在分析了公司的优势和劣势之后，老板把第二条产品线砍掉了，又将第三条产品线也砍掉了，农贸市场批发商不要了，超市或店铺负责人也不要了。

但是经营了这么多年的产品线就此砍掉，老板也很可惜、很心疼，他采取了一个好办法，给原来负责这两条产品线的员工一个创业机会，公司设一个子公司，母公司控股，占51%的股份，员工出资占49%的股份，做子公司的负责人，年底赚了钱，母公司先拿百分之多少的纯利润奖励子公司，纯利润再几几分成，最后相当于母公司分纯利润的20%，子公司分80%。

最后，这家公司选择只做一类客户——食品工厂和连锁餐饮机构负责人，根据这一类客户需要的产品，明确了两条产品线：一是加工各种口味、细腻程度不同的土豆泥，给食品厂进行土豆泥初加工；二是做土豆泥系列产品，给餐饮连锁机构提供定制土豆泥成品。这样，这家公司从产品专业化策略过渡到市场专业化策略，主营业务突出，又具备了定价权和控制权，走出了困境，也逐步走上了集团化的道路。

通过这个案例，我们可以知道，产品线再次细分，意味着企业需要拓展新的市场，因此，具备细分新市场客户的拓展能力是业务发展的关键。这家公司起初做不下去的根本原因是没有拓展细分市场客户的业务能力，没有渠道、没有专门的业务员，产品策略选择错了。在根据自身实力及时进行调整之后，这家公司获得了成功。

4. 市场专业化，在研发新产品品类上加把劲

巨鹏食品的产品策略从产品专业化调整为市场专业化后，走出了困境。那么，什么是市场专业化呢？就是聚焦同类客户，通过提供不同种类的产品，来满足相同群体（客户）不同方面的需求。

经典案例

小米与“小米们”

小米选择的就是市场专业化的产品策略，针对一类人群，不断地开发出新的产品，来满足这一类人群的不同需要，小米的新产品开发能力非常强。但是小米的很多产品并不是小米自己开发出来的，小米做了一个创

业平台、电商平台，专门做小米的品牌开发与品牌销售，和小米相关的企业都可以找小米谈合作，直接成为小米生产团队里面的一员。也就是说，小米给其他企业提供了一个开发新产品的平台，通过这个平台把产品卖出去，从中收取一定的费用。

比如小米电饭煲就是小米与专门做电饭煲的企业合作，小米提供插线板，负责安排生产计划、采购原料等工作，电饭煲企业负责技术保障与实际生产，生产出来的电饭煲打上小米的商标并在小米的平台上卖出去，小米与电饭煲企业就实现了互利共赢。

负责做电饭煲的企业虽然拥有很多技术，但做出来的电饭煲没有好的品牌和渠道不一定能卖得好。但如果与小米合作，打上小米的牌子，它在小米的平台上就很容易打开销路了。

选择市场专业化的策略，有一个重要的东西叫作品牌。小米电商平台依托的就是小米这个品牌，吸引了上亿的用户，这是小米市场专业化产品策略获得成功的关键。

类似的选择市场专业化策略的典型企业还有美的。美的针对的一类人群是中等收入人群。它的产品开发能力也很强，今天开发一个新型电饭煲，明天开发一个豆浆机。但是，美的也有很多产品是其他企业利用它的品牌一起销售的，这些企业通过美的做产品，就是为了实现利润最大化。

苹果公司的手机事业部基本是单品极致化，但是整个苹果公司选择的产品策略则是市场专业化。它针对的是消费水平比较高的人群，开发出很多产品，除手机外，还有iPad（平板电脑）、苹果笔记本等产品，苹果也卖一些相关产品。

经典案例

模世能的市场专业化

模世能公司选择的产品策略也是市场专业化，只做中小企业，根据不同中小企业的需求，帮助它们找到适合自己发展的商业模式。因此在商业模式、营销策划、盈利模式、企业品牌打造等方面都有着非常强的实力。

它的产品首先是对中小企业进行模式教育，其次进行模式咨询孵化，最后吸引资金投入。很多客户都是回头客，模世能帮助其融资以后，下次其会来模世能公司寻求第二次帮助。其实，模世能做的就是一个平台，这个平台专门帮助中小企业选择适合自己的商业模式，引资金，策划营销方案，打造企业品牌，等等。

尽管产品选择清楚了，但仅靠自己开发这些产品是很有难度的。于是，模世能只要把一个产品开发好，不断创新模式教育课程，做咨询孵化，成立高品质的师资团队，把全球著名的老师请过来。然后，根据不同的企业做不同的项目组合，根据不同的企业引进不同的资金。这就是模世能的产品策略。

可见，对于选择市场专业化策略的企业而言，具有研发新产品品类的能力是业务发展的关键。

5. 选择性专业化，针对需求做个性化设计

选择性专业化的特点就是聚焦同类竞争优势（包括技术、管理、资本），通过提供不同种类的产品，来满足不同细分市场的需求。聚焦细分市场的空间越大，产品的利润越高，企业就越能赚钱。

在互联网时代，传统企业为什么落伍了？根源就在于它们不了解新兴消费群体的需求状况，没有认识到消费者不再满足于基本的功能性需求，没有抓住用户需求已经高度细分和个性化这个新情况、新机遇，失去了消费者的关注和青睐，也就失去了产品的竞争力。

经典案例

何氏推拿的个性化推拿方案

何氏推拿基于自身的推拿技术、客源、渠道，选择了选择性专业化产品策略，针对不同客户的需求做个性化设计。客户来店里做推拿，服务人员不是马上就给客户看单子、收钱、做推拿，而是先与客户交流，了解客户的不同需求：是为了放松，还是为了保健，还是为了找感觉等。

根据客户不同的情况，服务人员会做一个整体的推拿方案，一旦推荐成功，客户同意了这套个性化方案，服务人员便会给客户算经济账：如果你一年都到我这儿做推拿，每周来一次，一次要多少钱，如果一次性把一年的费用付清，就会打九折。哪怕客户不在店里长期做推拿，服务人员仍然会笑容满面地说："不做没关系，但我的这套个性化推拿方案绝对对你的健康非常有帮助。"客户最后的选择是什么？当然是按需定制、性价比高、服务贴心的何氏推拿。

经典案例

中国亲子个性化旅游优秀品牌——宝嘉乐

宝嘉乐原来只是一家做代理旅游的小公司，当时什么旅游团都组织。

基于多年的渠道、线路和旅客资源，宝嘉乐后来经过策划，不做其他旅游产品，专做亲子个性化旅游这个板块。它针对不同的家庭情况，根据不同家庭的需求，设计不同的亲子旅游产品，提供亲子个性化旅游服务。

比如，一个家庭月收入30万元的企业家成了宝嘉乐的客户，宝嘉乐根据这位企业家的家庭情况和需求，从孩子上幼儿园时起，每年在寒暑假为他的家庭设计一套旅游方案：每年两个假期应该怎么旅游、去哪里旅游、玩哪些项目、如何陪伴孩子等。目的是让孩子拥有丰富多彩的童年，也不会跟家长疏远感情。收费可以做一次结一次，也可以每年结一次，每年收99 999元，总共18年，合作下来将近180万元。这样的客户当然很多，宝嘉乐在短短一年时间里，把市值做到了3亿元，打造了中国亲子个性化旅游优秀品牌。

宝嘉乐的产品策略就是选择性专业化。它是做常规旅游项目起家的，这么多年下来，积累了丰富的资源、渠道和线路，又专门做过亲子旅游这个板块，熟悉流程，有一定经验和口碑。基于自己的同类竞争优势，宝嘉乐通过设计各种个性化亲子旅游产品，满足这个细分市场的需求，不仅留住了原来的老客户，还吸引了新客户。可见，选择性专业化产品策略业务发展的关键点在于同时具备新细分市场的拓展能力和新产品品类的研发能力。

选择性专业化产品策略有两种不同的类型：一种是在各条产品线之下，有相同的技术支撑；另一种是每条产品线没有相似的技术，实际上是在开多家作坊，容易发散，没有合力，这叫假选择专业化。

其实，比较典型的选择性专业化，是基于同一类技术、同一类系统或者同一类产品而做的，其业务也是分阶段聚焦的。因此，实施这个产品策略需要企业把握分步骤、分阶段实施的基本原则，先用一个技术做好第一个细分市场，再做好第二个，不断地往下做。比如，模世能的模式教育，第一阶段聚焦于模式教育，第二阶段聚焦于咨询孵化，第三阶段聚焦于融资。所以，在选择性专业化的聚焦背后，企业需要做很多事情。比如：提供咨询服务、投资融资服务、资源整合服务等一系列工作。

6. 从“覆盖全市场型”的误区走出来

除了上面四种产品策略外，还有一种策略叫“覆盖全市场型”，也叫巨型企业的产品策略。其中的误区在于：对市场细分不够，误以为是针对相对聚焦的细分市场，实际上是针对多个大规模的市场。

一般情况下，大型的国有企业可以选择这种全覆盖的产品策略，因为它们有人力、物力、财力的保障。但是中小企业就不适合选择这种产品策略，谁选择谁就容易失败。中小企业要想做起来，就必须转变或调整自己的产品策略，从“覆盖全市场型”这一误区走出来。

那么，中小企业最适合选择的产品策略是什么呢?

通过上面的多个案例，我们可以得出结论：中小企业适合做市场专业化、选择性专业化，不太适合做产品专业化。但这也不是完全准确的，中小企业有时候也可以做产品专业化，有时候还可以做单品极致化。企业老板要根据企业的资源、优势、渠道等情况，一一对应每个产品策略的概念，审视自己更适合哪种产品策略以及哪个策略更适合企业的发展。

如果你想做多元化产品发展策略也可以，那就请你先在未来半年之内，把主打产品做好，以主打产品带动其他产品。只要坚持把产品本身做好、坚持保证品质，在产品策略上持续稳定，在执行上多层聚焦，便能获得预期的成功。

张雷点醒

在当今时代，产品即营销，营销即产品，产品即广告，广告即产品，企业一定要做好产品，一定要让产品会“说话”。否则，产品的问题不解决，企业营销能力再强，广告做得再好，市场上需求量再大，也很难解决问题。也就是说，产品有问题，即使企业去到别的细分市场，也不可能解决自身问题。

阅读思考

（1）你的企业是否有明确的产品策略？是哪种类型的产品策略？

（2）你是否经历过产品策略的调整？从中得到了什么经验和教训？

（3）如果让你的企业施行选择性专业化产品策略，你会如何定位客户与市场？如何规划产品线？

中小企业产品锻造密码

03

第三章

密码2：产品价值定位

——给产品赋予存在的意义和生存的能力

※ 企业有了产品策略，接下来需要思考的，就是产品的价值定位，也就是，通过了解客户痛点和自身优势，与客户需求一一相对应，体现出产品价值。因为，产品的关键不在于贵与便宜，而是在于有没有价值。价值低于价格，就是贵，价值高于价格，就是便宜。只要价值低于价格，哪怕只卖一元，都是贵的。

1. 价值定位的四要素：需求点、差异点、利益点、支撑点

所谓价值定位，就是企业根据已经掌握的客户需求情况，即每一细分客户群体的独特偏好，针对具体的产品与服务问题，确定如何对其进行响应与筹划。正确的价值定位是构建价值网络的依据。

价值定位包括四要素：客户的需求点、产品的差异点、产品的利益点、产品的支撑点。当一个产品能满足客户的需求点，与别人的产品不一样，能给客户带来利益点，还能支撑企业解决一系列问题，那么，这个产品就有价值，就能卖上好价钱。

首先，做产品一定要知道客户的需求点，也就是客户的痛点，这个痛点不是常规的痛点，必须是在行业里众所周知、但未必能轻易解决的痛点。还有一种情况是客户隐性的未被发现的需求实际存在而没有被满足。

其次，企业通过这些客户需求的差异，找到痛点之后，根据自己的优势，做出差异，让自己的产品与其他竞品不一样，真正能解决同行业里别人的产品不能解决的痛点问题。产品只有能帮助客户解决痛点，才有存在的意义。

产品的差异化让它在同行业里面与众不同，再配合场景化，客户就很容易记住这个产品，由此产生购买的兴趣，在购买使用之后，如果该产品解决了其他产品解决不了的问题，那么客户还会愿意再次购买，甚至会把这个产品推荐给亲朋好友。这就是产品的利益点。产品的利益点与客户的需求匹配起来，才能体现出产品价值。

最后，要把你的产品的差异点，即真正能解决问题的差异点，通过宣传变成某个产品品类的代名词。这样，产品就有了做起来的支撑点。

同时，我们要对竞争对手的产品了如指掌，找到其与自己的产品之间在利益

点、支撑点上的相同点和不同点，看看有没有值得学习借鉴、加以深化升华的地方。

产品的价值定位，概括起来就是一句话：看看别人是怎么做的，我们也怎么做，而且要做出差异，做出个性。产品有了价值，企业能很好地将它挖掘出来，才能做产品规划布局，才能把产品上升为品牌战略。

通常，应该怎样描述产品的价值呢？先描述目标客户的需求，然后描述产品名称、与竞品的差异点，以及因此给客户带来的利益点，最后描述产品支撑点。例如，描述华为手机的价值：为了满足喜欢潮流出行、追求工作乐趣和追求生活乐趣客户的需求（描述细分市场客户的需求），华为手机（产品名称）不同于其他品牌手机，它的通话更加清晰、网页浏览速度更加快速，一切功能尽在掌握中（差异点），它实用、高雅、时尚（利益点），是一个具有智能系统和音乐播放器等功能的产品（支撑点）。

张雷点醒

我们描述产品的时候，先从客户需求开始，然后是产品的差异点、产品的利益点和产品的支撑点。但在做产品的时候，顺序则是倒过来，先设计产品的支撑点，然后是产品的利益点、产品的差异点和客户需求。就像设计模式时，从上往下设计，但是执行的时候，是从下往上执行。

2. 逐级递升：客户需求的三个层次

为什么要讲客户需求呢？因为没有客户的需求，企业就没有办法做出差异点，就没办法挖掘差异点背后的利益点，没有利益点，产品就没有卖点、没有支撑点，产品就卖不出去，企业就无法获得利润。

企业的收入和利润来自产品的价格，而产品价格的决策却来自对客户需求的认知，对客户的需求点认知越高，产品定价就越高，企业的收入和利润就越多。可见，产品居于客户与企业之间，是连接客户与企业的桥梁。企业设计制作出不同的产品，满足客户不同的需求，是获取利润的关键。

既然产品对客户有用才有价值，那么，产品的价格是不是仅仅取决于产品的使用功能呢？不是，产品的价格不单纯取决于产品的使用功能。我们可以从客户需求的三个层次来理解这个问题。

（1）客户需求的三个层次之基本需求。

包的最基本的使用功能就是装东西，客户出于基本需求的考虑，往往会选择简便实用的布包，既结实，又轻便，而且容量大，用途广泛，可以装日用品、装被子、装衣服。更重要的是，布包的价格很便宜，10元就能买到，性价比很高。

（2）客户需求的三个层次之外延需求。

通常来说，我们买包并不完全只是为了装东西，包不仅是一种容器，同样是一种装饰物，这是它的外延功能，客户对于包有外延需求。

客户需要根据自己穿的不同衣服来搭配不同的包，单一简单款式的布包很难满足需求，必须要细分出更多的材质、款式、颜色、大小，还要增加包上面的五金件、印花、刺绣、贴布等，以期通过它们的不同组合搭配，张扬用户的个性，彰显用户的魅力。

要装进包里的东西各有特性，有的怕摔，有的怕压，有的怕漏，因此人们就对包的功能性提出了新要求，要求它们有款式和材质上的实用设计。装泳装和其他游泳用品的包需要具有防水功能，装户外野营设备的包需要具有耐磨耐脏功能，装高档化妆品的包需要有分格设计与减震设计。

这样一来，包的用途更广泛了，设计更细致了，原材料造价更高了，制作技术更复杂了，它们的价格就会相应提高，10元就很难买到了，也许需要花费100～1000元。

（3）客户需求的三个层次之升华需求。

仅仅是适用性和美观性得到外延，就能达到客户需求的最高层次了吗？不能，作为一种容器、一种装饰物的包，也可以作为一种身份的象征，其中附加着更多的精神意义。

拿着200元包的人，与拿着2万元包的人，他们的消费水平、消费习惯有所差异，背后起决定作用的是他们的经济收入与身份地位。一个坐拥上亿元资产的企业老板很少揣着一个20元的钱包参加国际会议，因为包的价格不符合他的身份地位，包的价格与他的身家不匹配。

同样是定价为1000元的两款包，质量、功能都差不多，但一个是2016年的老款，一个是2019年的新款，客户会选择哪款？绝大多数的人会选择新款，因为他们追求时尚、追求潮流，他们要的不仅仅是美观，而是更美、最美。

能够充分体现出身份和品位的差异性的产品必然是有着独特品牌属性的产品，这时候的包已经不是单纯意义上的包了，它代表着一流的做工、优质的口碑、大众的认可，还象征着某种意义，比如能够给社会、给别人带来正能量。如果这个品牌的产品再加上名人效应，那它的价格更会成倍地上升。

张雷点醒

我们应该从三个角度看客户的需求：原料、用途和品牌。原料，是用以满足客户的基本需求的；用途，是产品使用上的价值上升，代表产品的可用性，显示客户可以借助这个产品做些其他事情；品牌，可以使产品上升为某种意义、某种文化、某种正能量、某种精神等，客户购买产品，不仅仅为了使用，还为了追求某种精神和品味。

3. 客户需求与产品利益点的匹配

（1）用同一种原料满足不同客户需求。

企业用同样的原材料，制成不同的产品，来满足客户不同层次的需求，从而实现不同的价值。

比如说，市面上不锈钢的价格，取决于不锈钢的材质力度，价格每千克12~30元不等。如何能让不锈钢实现增值，卖到每千克100元甚至1000元呢？再在原料上下功夫已经不行了。

怎样增值10倍？把它做成一种产品，比如做成不锈钢勺子，上升到使用功能，价格就不一样了。京东商城卖过这样一套不锈钢实心扁形勺子，每套6件，售价86元。我们计算一下，每个勺子的重量是50克，6个勺子就是300克，300克不锈钢卖86元，每克不锈钢就卖0.28元，相当于每千克不锈钢做成勺子就可以卖到280元。这样，不锈钢做成勺子后，它的价格就上升了10倍。

怎样实现不锈钢100倍增值呢？企业把它做成了不锈钢冰块。不锈钢冰块是喝红酒时用的。红酒的适饮温度在13℃左右。一般人喝红酒，大多是在红酒中放入冰块来降低温度。但一些人在红酒中放入不锈钢冰块，而不是放冰块，因为冰块会随着温度的升高融化成水，会把红酒稀释，使红酒变淡。而不锈钢冰块不会溶化，也不会吸味，它的热容性能还可以让适饮温度保持时间更长，从而更能保持红酒的原味和口感。另外，使用不锈钢冰块，是身份和地位的象征，彰显出的是品位、高端和富贵。正是因为不锈钢冰块具有这些利益点，满足了客户的升华需求，好的不锈钢冰块每千克要卖到1000多元，实现了100倍的增值。

因此，企业做产品营销，用同样的原材料，可以制成不同的产品，满足客户不同层次的需求，实现不同的价值。

同样是不锈钢，根据客户的三层需求：材料（基本）—喝汤（外延）—品味（升华）。企业设计制作出相匹配的三层产品利益点：钢材（使用功能）—钢勺子（可用性）—不锈钢冰块（意义），从而实现了价值的提升、价格和利润的翻倍、企业的发展。也就是说，客户对不锈钢的基本需求是获得原料，产品的利益点就是钢材，价格很便宜；客户的需求是使用勺子喝汤，产品的利益点是不锈钢制品、不锈钢勺子，不锈钢就实现了10倍的增值；客户用不锈钢作为一种品位的象征，产品利益点是高档的不锈钢冰块。

（2）用同一种用途满足不同客户的需求。

在产品营销中，不同品牌的同类产品，其用途往往都是一样的，但在价格上有高有低，为什么呢？这是企业根据不同客户不同层次的需求，设计和塑造出来的。

经典案例

云南昆明有一个饭店叫“竹家花园食府”，原来有一道菜叫辣椒小炒肉，每份7元，很多务工人员都来点这个菜。这道菜既量大又便宜，来这里吃饭的人就是为了吃饱。从客户的消费需求层面上来讲，这家饭店在满足客户基本需求——吃饱的层面上。

后来，这家饭店升级改造，门头、墙面、室内设计及餐桌餐椅等都精细化了，名字改成了“名欢厅土菜馆”，辣椒小炒肉的价格变为了27元，老板还是那个老板，厨师还是那个厨师，油还是那个油，菜还是那个菜，除了价格，什么都没有变。很多上班族都愿意来吃这道菜，务工人员却不怎么光顾了。这家土菜馆上升到了可用性层面，满足了客户的升华需求，客户吃的就是农家土菜味，从中体味返璞归真的田园生活。

这个案例形象地体现了产品的使用功能与可用性的区别。同样的一道菜，在不同品牌（店名）的同一家饭店里，吸引了截然不同的两种客户群体，卖出了截然不同的两种价格。

大家喝矿泉水是因为口渴需要喝水，企业卖矿泉水是为了满足大家解渴的需求。但是有的矿泉水价格高，有的价格低。比如，同样是能解渴的矿泉水，冰露卖的价格比农夫山泉要低。为什么呢？这是因为冰露只说“要求高的，喝冰露矿物质水”。而农夫山泉却说：“农夫山泉源自优质水源，我们从不使用自来水，我们只是大自然的搬运工。”

很显然，在广告语的背后，我们可以看到这两个品牌的矿泉水的客户定位和价值定位是不一样的。

冰露矿泉水，利益点在于我做的水是矿泉水，只要你的要求稍微高一点，就可以喝上我的矿泉水，而不用喝自来水了。它的利益点在于它的品类是矿泉水，而不是自来水。利益点的结果是：解渴。因此冰露的价位不高。

农夫山泉针对的客户则是追求健康、追求品质生活的人群，根据这类人群的需求，农夫山泉提升了矿泉水的使用功能。它的利益点在于它的品类是生态的：我的水来自大自然，是天然的弱碱性水，有点甜；我只是大自然的搬运工。利益点的结果是：喝出健康来。这样提炼出来的广告语，虽然没有直接说“健康”两个字，但“大自然的搬运工”就是利益点的呈现，让客户一眼就看到广告背后站着的“绿色健康”。农夫山泉矿泉水，不仅解渴，还能让客户喝出健康来。这是一种上升了的使用功能，从“解渴”上升到了“喝出健康来”，这代表了产品的可用性。因此，农夫山泉比冰露价格高一些，它针对已经解决温饱问题、追求健康生活的人群。

比农夫山泉贵的矿泉水也有很多，比如依云矿泉水，它针对高端群体满足更高层次的需求。有人认为，依云就是富贵人喝的矿泉水，喝依云矿泉水的人都是富贵的人。这就是依云矿泉水在意义上的升华，它上升到了象征意义，代表的是一种身份。

同样是做矿泉水的企业，却居于不同的层面。为什么有这么大的差异呢？因为同一种用途的产品，根据不同客户的需求，做出不同的利益点，其使用意义就不相同，价值体现也不一样。

（3）同一品牌满足不同客户的需求。

很多企业在做产品的过程中，不断赋予自己的品牌不同的意义和文化，根据不同的客户需求，设计制作出不同的利益点，化品牌为神奇，为企业赢得了高额的利润。

经典案例

中国台湾特产西螺酱油中的老牌大同酱油，之所以经久不衰，颇受广大客户的支持和肯定，是因为它以纯黑豆为原料酿造而成，加上西螺的气候、水质、湿度等天然环境因素，酱油味香甘醇。除此之外，大同酱油利用自己的酱油文化，设计制作出不同品类的酱油，在酱油的口味上不断挖掘利益点，来满足不同客户的需求。

首先，大同酱油根据大多数人四季口味的不同，做出四季系列酱油，这些酱油的利益点是风味不同，口味上有浓的，也有淡的。价位也不算太高，30元一瓶。四季系列酱油满足了家庭四季做菜提味的需求。

其次，大同酱油在口味上进行创新，以香甜的柳丁为原料，做出了柳丁酱油。这种酱油仍然有酱油专属的味道，其利益点在于：让人吃出淡雅的香、微微的酸，口感极佳。它满足了客户追求口感、品味美食的需求。利益点的提升，使得酱油的价格也上升为50元一瓶。

最后，大同酱油遵循古法，推出了大同老酱油。这种酱油的利益点在于：做出了大同酱油的古早味道。给人的感觉是，品味大同酱油就是在品味它的历史与文化。大同老酱油的利益点比柳丁酱油又上升了一个层面，升华为一种精神意义、一种文化、一段历史，把喜欢追求古早味、追求返璞归真的高品位人群给吸引过来了。利益点的升华又使酱油的价格上升为60元一瓶。

从大同酱油的营销策略中，我们可以悟出“意义”的重要性。产品营销者在推销产品的时候，如果谈的都是产品的使用功能，那么产品是卖不掉的，即便卖掉了，也不会卖出好价钱。

张雷点醒

正确的方法应当是：从产品的功能开始介绍，然后对产品进行全新的价值塑造，最终将客户引导到购买你的产品上来。

4. 塑造价值的关键在于塑造“意义”

如何进行全新的价值塑造呢？

塑造价值的关键在于塑造“意义”。“意义”塑造得高、塑造得好，产品的利益点就高，产品就能卖个好价钱。产品营销者一定要懂得如何塑造“意义”，如何将“意义”呈现给消费者，并让它进入消费者心中，为企业创造出利润。

张雷点醒

根据客户需求与产品利益点的三层匹配关系，在推销产品时，首先应该弄清客户选购产品的最终目的是什么，其次根据客户需求的“基本—外延—升华”介绍产品利益点的“使用功能—可用性—意义”，重中之重是塑造“意义”。

比如说，你是做打印机的，你想把你的双面打印机以某个价格推销给一家企业，可是企业领导嫌贵不想买你的打印机。这种情况下，你首先必须搞清楚这家企业的三层需求：实现纸张双面打印—节约费用—建设节约环保型社会。根据这三层需求，寻找和提炼出打印机的支撑点，然后从双面打印机的使用功能开始介绍，将利益点逐步升级。你可以跟企业领导这样说：“我公司的打印机可以让你的企业实现纸张双面打印，这不仅仅可以给你的企业节省50%的纸张成本费，而且具有更大的社会效应——环保。”再给他算一笔账：“1台工作组级的双面网络打印机1年可以节省1吨办公用纸，生产这些纸张需要6棵成材树木，还有10吨左右的水资源耗费和污水排放。”把打印机的利益点上升到这种高度，正好能够刺痛企业领导的需求痛点，那么，他就不会嫌打印机的价格高，你就能够推销成功。

产品价值的塑造过程，就是一家企业根据客户需求的“基本—外延—升华”，提炼出产品的利益点，寻找到做产品的支撑点，再做出产品的差异点的过程。在这个过程中，关键是塑造出产品的“意义”，赋予产品以文化、历史、象征的意义，让产品具有文化底蕴，让产品流淌于历史的长河，让产品带来充满正能量的精神意义。这样，产品的利益点就能够被提升到一定的高度，就能化品牌为神奇。

比如，国窖1573的经典广告语：“你能听到的历史136年，你能看到的历史174年，你能品味的历史440年，国窖1573。”广告语的背后就是酒的历史，不说说酒的历史，怎能让人知道国窖1573是藏酒呢？人们不知道它是藏酒，又怎么能花高价去买呢？

一旦赋予了历史文化意义，白酒的利益点就升华为悠久的酒文化了，人们喝国窖1573，已经不单纯是在喝酒、品酒，而是在品味中国的酒文化，穿越历史的长河，寻味中国酒的古早味。将这种历史文化意义提炼成广告语，进行有效的传播，其价格就不同于一般的白酒了，因为价格永远是价值的体现。

5. 通过竞品分析，找到待升值的差异点

只有找到客户的需求点，才能做出产品的差异化，才能参与差异化竞争。这个差异化，是通过撬开产品的基本使用功能，将其上升到情感意义，才能实现的。

所谓差异化竞争，就是在策略上分析总结竞品的市场、销售和产品策略，它销售的是什么、是怎么做的，我们销售的是什么、是怎么做的，然后根据分析对比结果，制定或调整我们的营销策略；在执行上通过收集分析竞品的信息，了解竞品在客户眼中的呈现，从而推测出竞争对手未来会做什么、会怎么做，我们又该做什么、该怎么做。差异化是基于竞争对手来讲的，没有竞争对手就没有差异化。

如何找到与竞争对手的差异呢？答案是竞品分析。竞品分析，就是对竞争对手的产品进行分析。对竞品分析有很多维度，我们当然没必要每个维度都照顾到，要圈定一些重要的维度进行分析比较，比如价格定位、产品效用、消费者购买过程、产品销量等。

营销人员一定要懂得通过市场调查，做竞品分析。例如，做一个表，把收集到的竞品信息一一列出来：价格、产品产地、销量、产品功效介绍、产品适用人群、产品成分、重要成分比例、相关证书、产品使用方法、评价、对评价进行反馈是否及时等。通过对竞品的重要品类元素进行分析对比，营销人员就可以找到同行业中自己的直接对手，就可以了解竞品在消费者眼中的呈现——竞品的支撑点和利益点是什么，消费者对竞品的哪些利益点满意，对竞品的满意程度如何

等，从而找到自己产品的优点，找到消费者对自己产品的哪些利益点满意、满意程度如何等。

经典案例

> 清谷新禾是中国荞麦重点种植基地，是一家荞麦精深加工企业。但是，在市场上还有伊田面馆、佳食尚、想念、农家御品、塔达等品牌企业与之竞争。
>
> 而且同样是荞麦面，其他几家的价格与清谷新禾的价格不同：清谷新禾每千克16.62元，伊田面馆每千克14.90元，佳食尚每千克49.76元，想念每千克12.80元，农家御品每千克13.76元，塔达每千克19.80元。价格上较为接近的清谷新禾与塔达，销量却大相径庭。清谷新禾每月销售77件，而塔达每月销售1825件。

让我们通过这个案例，逐步揭开竞品分析的面纱，找到答案。

（1）从竞争对手的产品价值角度进行分析。

在产品营销中，市场上会有很多的同类产品，它们的基本使用功能虽然相同，但价格有很大的差异，有的价格高、有的价格低。有的产品价格高、销量也大，有的产品价格低、销量却很少。为什么会出现这样的情况呢?

其实，产品的价格在市场中的位置是高还是低并不重要，重要的是产品的价格是否符合产品给消费者的价值感。对于消费者而言，产品要有除了产品本身以外的利益点来支持这个价格定位的内容。对于企业而言，除了卖产品的使用功能外，要有其他让产品卖更高价格的支撑点。

为什么同是荞麦面，价格却相差这么大呢？其实，对企业而言，在产品销售的过程中，产品的价格并不是你想怎么定就怎么定，价格的高低不是最重要的，关键是产品有没有支撑起这个价格的点。有支撑点，产品的价格定得高也会卖得很好，否则，产品的价格定得低，销路也不会太好。

首先，我们看一下这几家企业对自己的产品都做了什么品类元素介绍：伊田面馆，没有对自己做出的品类元素进行介绍；佳食尚，采用河北地区上等荞麦和优质小麦生产的灰分低、面筋好的麦芯粉为原料，纯净水和面、真空和面机、先进低温和面技术等；想念和农家御品则列出了荞麦面的营养价值和功效；塔达，精选优质荞麦为原料，天然、无漂白、绿色健康精致好面等。这些都是它们各自的利益点，都要如实地一一列出来填入表中。

其次，有了这些品类元素，我们看看这几家企业又是怎么样从中提炼，并据此分析这几家荞麦面价格的支撑点和利益点在哪里，以及为什么能定在这个价格。

最后，我们把竞争对手宣传的东西也列出来，分析一下它们的产品为什么定这个价格；为什么比自己高，或者为什么比自己低；为什么竞品能卖高价，自己的产品却不行。

（2）从消费者的购买倾向角度进行分析。

根据价格和销量的综合对比结果，清谷新禾找到了自己的直接竞争对手塔达。我们下面将重点分析这两个品牌。

对消费者而言，他们吃荞麦面，要看原料产自哪个地方，也就是说哪个地方产的面好吃、有名。是内蒙古自治区、北京、河北、河南，还是陕西？西北的荞麦大都产自陕西，陕西的面比较出名，一般情况下，消费者吃荞麦面喜欢吃陕西的。因此，消费者对塔达的荞麦面会更青睐一些。

这样对比分析其他的原料、工艺、功效等重要元素，我们就可以找到消费者对竞品和自己产品的满意程度，明确他们是对自己的产品满意度高一些，还是对竞品的满意度高一些。

而且，消费者购买产品，一般都不会立即买，会经过五步，这五步是认知—

考虑—倾向—购买—拥护，也叫“消费者购买五步法”。

第一步，认知（潜在客户）。

客户购买的第一步叫认知，就是想了解你的产品。为什么想了解你呢？因为被你提炼的带有利益点的广告语所吸引，对你的产品感兴趣。因此，做产品营销，首先一定要让呈现利益点的广告语具有吸引力，让消费者产生想了解产品的欲望，把消费者给吸引过来。

比如，清谷新禾的广告语：“中国荞麦重点种植基地，中国首家荞麦精深加工企业，农业产业化国家重点龙头企业。”塔达的广告语：“中国的面食，将被我承包。”广告语一打出来，很显然，想买面的消费者更倾向于认知塔达，因为一看广告语，就知道塔达是专做面食的。可见广告语提炼得好、提炼得精，可以吸引很多潜在的客户。

第二步，考虑（需求客户）。

消费者认知以后是考虑。考虑的过程，就是把几个同类的产品进行比较，货比三家的过程。消费者比较的过程，也是你和竞争对手比较的过程。你与竞争对手比较谁的卖点提炼得好、谁的价格更优惠、谁的促销手段更高明。

第三步，倾向（意向客户）。

消费者通过对广告语、产品卖点、价格、促销手段等的认知，进行考虑比较，就会产生购买其中一家的倾向。为什么会倾向于买你的呢？肯定是你跟别人家不同，你的产品的某些卖点打动了他。比如，为什么客户会倾向于买塔达的荞麦面呢？因为它口感好、营养好、天然，吃起来更享受。

第四步，购买（消费客户）。

通过认知、考虑、倾向，客户决定下单购买。这次购买了你的产品，不一定等于以后还买。因此，你的产品质量要有保证，你的发货速度要快，你选定的物流公司一定要又快又好。这些在网上都是有评价的，而且这些评价你删不掉。

第五步，拥护（“粉丝”客户）。

所谓拥护，就是成为某个产品的“粉丝”、某个品牌的忠实主顾。比如，消费者买的是塔达的荞麦面，吃了以后觉得好吃，下次还会买，不仅会自己买，还会推荐给他身边的人，甚至除了塔达的荞麦面，其他的面都不买。

（3）深入分析，找到需要改善或突出的差异点。

消费者从对产品认知，到考虑，到倾向，到购买，再到拥护，整个过程下来，决定买别人的产品，并成为别人的老主顾。为什么没有买自己的产品呢？想解开心中的疑问，就要好好收集竞品的各种重要信息，并进行分析。

第一，清谷新禾广告语上打出的“中国荞麦重点种植基地，中国首家荞麦精深加工企业，农业产业化国家重点龙头企业”，品牌整体定位不清，致使整体导流效率不高。而塔达打出的广告语“中国的面食，将被我承包”，一语中的，使自己的品牌和产品保持了高度一致性，容易树立起专业的旗帜，增强导流性。

第二，清谷新禾的亮点集中在荞麦的营养价值和对人体的好处上，逻辑比较清楚。塔达的亮点不仅集中在荞麦的营养价值和对人体的好处上，还加了一项“口感极佳”，说服力更强，更能打动消费者。

第三，清谷新禾和塔达都没有清楚地介绍与其他产品的对比情况。

第四，清谷新禾产品包装量大，不能满足新客户先买一点尝一尝的需求，而且对新会员的优惠较少，降低了新会员购买的可能性，而塔达的产品则有小包装，能够满足新客户先买一点尝一尝的需求，而且对新会员有买三送一的优惠，可以刺激新会员的购买欲望，提高了新会员购买的可能性。

第五，清谷新禾对老会员有优惠，而塔达对“粉丝”会员没有优惠。

通过这样的对比分析，营销人员就可以清楚地找到两个竞争对手之间的差异性，能够总结出清谷新禾的销量上不去的原因。

一是新客户导流不畅。不能发展新客户是因为：①产品包装量太大，不便于新客户尝试；②营销策略偏向于对老客户支持和优惠，对新客户的支持和优惠则很少；③品牌定位不太清晰，新会员、新客户难以建立信任感。

二是老客户转化率不高。塔达对新会员有买三赠一的优惠，在此情况下，清谷新禾的老客户也有可能被吸引过去，导致再次购买不能实现。

这是清谷新禾卖不过塔达的根本原因，简单来说，就是客户入口和重复购买出现了问题。

6. 利益点，究竟是谁的利益

从表面上看，我们是在卖我们的产品、我们的服务、我们的系统、我们的方案、我们的价值观等。我们靠什么将产品卖出去？靠的是我们的售后服务、品牌信誉、交货速度、充足库存、技术专利、促销活动、低价格、完整产品线等。

但这些都是表象，其实我们卖的是产品的利益点。比如，素食餐厅表面上卖的是各类蔬菜和面食，其实卖的是一种健康的生活方式；一些厂家表面上卖的是具有防盗功能的防盗门、防盗窗和防盗锁，其实卖的是安全。

客户买的是什么？比如，客户买了一个钻头，其实他的目的不是在买一个钻头上，而是把钻头买回家在墙上打一个洞，但在墙上打洞的目的则是让家里的空间更大一点，让家里更时尚、更温馨一点，让家人生活得更舒适一些。

这是一个商业逻辑，客户买产品，是为了实现某种需求，而企业卖产品，是为了帮助客户实现某种需求。产品能够帮助客户实现某种需求就是产品的利益点。因此，企业卖的是产品的利益点，客户买的也是产品的利益点。而产品利益点的执行者，则是产品的品类元素（支撑点）。所以，客户买的和企业卖的，都是产品品类要素（支撑点）带来的利益点。

（1）利益点到底是什么。

前面已经讲过产品价值定位包括四要素，这四要素也是产品价值定位、产品售出的理由。我们在宣传、介绍、推销描述产品时，总是先描述产品的利益点是什么，然后介绍支撑点（产品要素）是什么，再告诉客户我们的产品与别人的差异点在哪里。其实这些差异点就是我们的产品与竞品不一样的地方，就是我们的产品的优势，在它的背后隐含着产品的利益点。在做产品营销的时候，我们总会以产品的利益点作为推销点，因为利益点可以满足竞品无法满足的客户的痛点需求。

比如，做装修的公司有很多，但我做装修跟别人不一样，我做的是个性化设计和个性化装饰，我可以让客户的每个房间都独具一格，可以让客户的家庭环境比别人家更有格调。从中可以看出，我公司的支撑点就是我的个性化设计和装饰，利益点则是我能够满足客户对高品质生活的追求，而客户的这种追求是其他装修公司满足不了的。就是因为这样，我才会与众不同，优于竞争对手，客户才会选择我。

利益点是根据需求点得来的，是产品设计的基础。也就是说，企业根据客户的需求点，设计出区别于竞品的产品差异点。有了区别于竞品的品类元素，这个产品就能形成一个新品类，有了它，消费者才会认可这个产品，才能分辨出是真品类还是伪品类。如果产品不具有这个支撑点，就是伪品类，就达不到利益点，无法满足客户的需求。简言之，在做产品营销的时候，我们用产品的利益点去满足客户的需求，利益点就是支撑点和客户需求之间的一个“桥梁”。

比如说，企业需要一个新的商业模式，用来转型升级，根据这个需求，我可以设计一个创新的商业模式。我的产品的利益点就是可以让你的企业在三个月内重构商业模式，让你转型成功，让你的业绩达到多少。从表面上看，企业购买的是一个新的商业模式，其实购买的是企业的转型升级。我产品的支撑点是创新的商业模式，我的利益点是可以让企业转型升级，企业买我的商业模式，其利益点是满足自己转型升级的需求。

我们还可以这样理解，支撑点带来利益点。产品的品类元素较为直观，容易成为客户进行产品选择时的参考依据，成为产品利益点的代名词，特别是用数字表达的品类元素。从表面上看，客户买的是产品的品类要素（支撑点），其实买的是产品品类元素（支撑点）给客户带来的利益点，企业卖出的是产品品类元素（支撑点），其实卖的是能够满足客户某种需求的利益点。简言之，卖产品，就是卖产品的支撑点，产品给客户带来的利益，而不只是产品的功能。

（2）误区："通缉犯"式的利益点呈现。

很多企业做产品，生怕客户会走掉，就把自己产品的很多利益点噼里啪啦地都列出来，就像公安机关抓"通缉犯"一样。其实，做产品营销，不管什么利益点都讲一点，就等于什么都没有讲，因为你的利益点太多了，客户要么没耐心听，要么记不住，要么对产品持怀疑态度。

经典案例

有一家燕麦企业，业务员在做产品推销的时候，把燕麦的好处一个个都向客户进行了介绍：

· 净化血液、改善血液循环，降低血压；

· 保护微血管，降低血脂及预防脑中风；

· 预防糖尿病并发症；

· 美容养颜，减少细纹；

· 清除体内垃圾，减轻体重；

· 预防胆结石；

· 抗肿瘤，抗氧化。

燕麦毕竟是食物，不是什么特效药，说燕麦能防"三高"、降血压，客户会认可吗？如果你的介绍和客户的认知不相符，客户就会说你骗人。现在大家都在追求健康生活，追求美，吃了燕麦，既健康又不增肥，大家关心的是这个利益点，要的也是这个结果，买的也是这个利益点。如果你只说燕麦健康不增肥，可能客户会记住，因为这与客户的认知相符。推销燕麦，不需要讲燕麦有很多好处，只说"健康不增肥"，一句话就可以把利益点表达完全，其他利益点都囊括其中。

好的利益点要“一剑封喉”，不一定面面俱到，没必要每个点都说。要把诸多的利益点提炼成一句话，表达出客户想要的，这就是你的广告语。卖点以利益点为导向，利益点则以支撑点来实现，支撑点又是根据客户的需求设计的。商业模式设计的不二法则，是找到客户的需求结果，也就是找到客户买这个产品是干什么的，他要达到什么目的。

比如说，学员来商学院上商业模式课，其最终的目的是实现利润的增加。而商学院的商业模式设计课，就可以让你的企业实现十倍盈利，让你的企业十年转型升级成功。在这里，商学院的商业模式课虽然有很多的利益点和支撑点，但广告语就一句：“十倍盈利，十年转型升级成功”。这句广告语是很多企业家想要的结果，所以他们会来学院了解情况，报名学习。这时候商学院就可以向他们详细介绍商业模式课，比如它的差异点在哪里、利益点在哪里、支撑点在哪里、优势在哪里，一个一个地介绍，才能让他们信服，让他们认可商学院的商业模式。

产品营销，不需要让利益点“通缉犯”式地呈现于客户面前，因为推销产品，利益点多不如少，卖点要精准。当然，不同的人关注的点是不同的，这就需要针对不同的人、不同的需求，讲明不同的利益点。

7. 从品类元素中理出产品的支撑点

每类产品都由各种元素构成，其中一些元素成为购买者在选择产品时的主要考虑因素，我们将其称为这类产品的品类元素。

品类元素既包含有形元素（技术、功能、性能、指标），也包含无形元素（文化、历史、名人效应）。以王老吉为例，人们喜欢选择王老吉，是因为王老吉有历史，是清道光年间创立的；有名人效应，创始人王泽邦是公认的凉茶始祖；有技术配方，采用植物材料配制而成；有文化，被列入“国家珍贵非物质文化遗产名录”；等等。这些都是王老吉的品类元素，这些细分的品类元素在塑造利益点的同时，打造出了中国凉茶的著名品牌产品，使王老吉凉茶成为人们十分熟悉的茶饮料，成为中国茶饮料行业里极具竞争力的凉茶之一。

可见，这些细分的品类元素，不仅塑造出产品的利益点，也为产品的差异点提供支撑。这些品类元素，也被称为产品的支撑点。

（1）梳理产品的支撑点。

那么，应该如何梳理出产品的支撑点呢？梳理产品的支撑点通常分为以下四步。

第一步，找规律。

找出产品品类元素的规律。比如汽车、飞机、茶叶、手机、服装、葡萄酒等，每个都是一个行业大品类。

以葡萄酒为例，我们找一下葡萄酒的品类规律。首先，看产地，葡萄酒来自不同的国家和地区，有美国的，有法国的，也有中国的。其次，看葡萄的品种、年岁和树龄。再次，看葡萄酒的酿造工艺。葡萄酒是用橡木桶酿造的，看入桶陈酿时间，分新桶、旧桶和不入桶酿造的；酿造的方式又分冷浸、热浸及其他；橡木又分法国的橡木、美国的橡木等。最后，看酒庄，看酒庄的历史，看庄主是谁，看酿酒师是谁。这样，葡萄酒品类元素的规律就出来了。找出了葡萄酒的品类规律，五分钟你就会成为葡萄酒的行家。也就是说，把产品的整个品类元素找出来，马上再找差异点、卖点就很容易了。

第二步，挖掘产品亮点。

所谓产品的亮点，就是产品的优势。比如，某山楂饮料的亮点是山楂的含量为60%，非脂肪含量为40%；某荞麦面的亮点是荞麦的含量达到90%；某冷冻机组的亮点是控制温度误差在±0.01℃；等等。如果挖掘出了产品的亮点，就挖掘出了产品的卖点。

怎样挖掘产品的亮点呢？我们以红酒为例，制作一个表格，先将红酒的品类在葡萄酒产品系列这一列填一下，有特色系列的、珍藏系列的、橡树岭系列的和纳帕谷系列的。在葡萄这一列填一下每类红酒的原料是什么葡萄。在产地这一列写上每类红酒的产地是哪里，在酿造这一列填一下每类红酒的酿造工艺。这样一来，我们就会很清楚地发现自己做了几个品类的产品，每个产品的原料、产区、酿造工艺都看得很清楚，根据这些情况，就可以挖掘出每类红酒产品的亮点。

但是，挖掘产品的亮点时并不能对这个产品的每个品类元素都进行挖掘，因为那样就没有重点了。正确的方法是把产品最能吸引客户关注、最能牵动客户的心的点挖掘出来，这个点一定是在同行业产品中具有特色和优势的。

比如，不同品牌，但都做到极致舒适的衬衫，其亮点元素是不一样的。第一类衬衫的亮点在它的产地、工匠、工艺设计，所以它的广告词是“来自意大利最优秀的工匠，使用最优质的工艺，完美设计的抗皱、免烫衬衫”。第二类衬衫的亮点在它的原材料、做工和扣子，所以它的广告词是“100%阿克苏长绒棉，提高舒适度；完美接缝，时刻保持平整；独特剪裁，保持骨感；鹰爪扣子，容易系带”。

第三步，打造完整产品。

找出产品的亮点后，接下来就是打造完整的产品线。所谓产品的完整性元素，指的是产品之外与产品使用配套的元素，这些元素与用户的使用和体验高度结合，所以又叫体验感。

比如，海底捞生意做得特别好，许多人都特别喜欢到海底捞吃饭。因为海底捞吸引客户的不光是海底捞的菜，还包括它的门头墙面设计、灯光设计、餐桌椅子、地板色调、服务员的态度形象、上菜的速度等。海底捞给客户带来了家的味道、家的感觉。这些除菜品以外的元素，都是产品的一部分，它们与客户的使用和体验高度结合，才让海底捞生意兴隆。现在的客户吃饭，不仅是为了填饱肚子，更是为了追求某种感觉、某种享受，找不到这些感觉和享受，哪怕你的菜再美味，价格再便宜，也吸引不了太多的客户。

可见，要做完整产品，首先要做好产品品类，其次是卖点，最后是产品的体验感。

再比如，你是做荞麦面的，给客户介绍推销时，不能只说自己的荞麦面好吃，因为做荞麦面的商家不只是你一家。你必须对荞麦面进行全面完整介绍。首先，一定要说出你的荞麦面来自哪个产地，比如自家的荞麦面是新疆产的。其次，进行功效介绍，比如营养保健等。另外，适用人群、产品成分、相关的证书、使用的方法、客户的评价等，都是荞麦面的一部分，都是荞麦面的价值体现，这些便是完整的产品的构成部分。

第四步，把握变化趋势。

企业产品的品类并非一成不变，而是一直处于不断变化之中。产品品类的变化驱动因素主要有消费者、技术、成本和效益。消费者的结构变化、技术的升级、成本的增加和效率的改变，都会驱动产品不断变化。

那么，我们该如何把握产品的变化趋势呢？要把握产品的变化趋势，就必须做好加减乘除。前面已经讲过，加减乘除就是哪里该增，哪里该减，哪里该紧，哪里该松。把握好这些驱动因素，才能够把握住产品的变化趋势。

（2）将支撑点转化为利益点。

产品利益点的目标是满足客户的某种需求。但对企业来说，利益点则是卖点，最后它会变成销售的话术。客户购买产品，其实是将产品的支撑点转化成了利益点，客户购买的是产品的利益点。

客户要买一个GPS（全球定位系统）导航，买导航的利益点是什么呢？是导航能够帮他指引道路。但是，导航的卖点是什么呢？是可以让客户在一定时间内准确到达地点，误差不到0.1%。

客户购买新型的挡风玻璃材料，他买的不是新型的挡风玻璃材料，而是开车视线清晰通透，这是产品的利益点。而清晰通透到什么程度，才是新型的挡风玻璃材料的卖点。

客户要买雨刷器，表面上看，客户选择的是雨刷器，其实他买的不是雨刷器，而是开车时视线更清晰。那么，雨刷器的卖点是什么？是可以让客户开车时视线更清晰，清晰到什么程度呢？可以让某种东西的分辨率达到多少。

客户要买面粉，他买的不是面粉，而是面粉带给他的营养和健康。面粉的卖点是什么？是可以让客户吃到某种健康程度。

客户买新材料的刹车毂，其实他买的不是刹车毂，而是及时的减速和停车，减速的速度和时间。刹车毂的卖点是能够让客户的车速在5秒内就可以从200码迅速降到××码。

顾客购买产品的时候，都会权衡，在同行业同类产品中来回进行挑选、比较。权衡的第一层就是定目标，也就是明确自己要买一个什么样的产品，用它做什么。第二层是对比同类产品的品类元素，看哪一款更有助于实现自己的利益点，还有就是能让自己少花点钱。客户的心理多数是买到手的东西既要称心如意，又要物美价廉。第三层就是面对面PK对决。客户是选择竞争对手，还是选择你，就看你们产品的卖点、差异点谁提炼得更好、更能刺痛顾客的需求痛点，看谁的销售手段更高。

张雷点醒

支撑点通过利益点的转换，体现了产品的竞争优势，变成企业产品的卖点，从而实现了产品快速销售。当今这个时代，市场竞争异常激烈，人们对产品的品质要求越来越高，因此，做好产品品类元素、提升产品的卖点是非常重要的。卖点越好，产品销售得越快。

（3）误区：分不清支撑点与利益点。

那么，支撑点与利益点是什么关系呢？其实，产品的支撑点和利益点并不唯一，有可能有多个支撑点，比如有支撑点1、支撑点2、支撑点3等，而且一个支撑点可以带来多个利益点，比如有利益点1、利益点2、利益点3等。一个利益点可以由多个支撑点来体现，并且通过利益点的转换，来实现产品的竞争优势。也就是说，一个品类元素可以找到很多利益点，同时，一个利益点也可以由很多品类元素来支撑。

在将支撑点通过利益点转成卖点的时候，很多企业很容易陷入误区。比如在做营销、广告时，误认为支撑点越多，利益点越多，产品就越具有竞争优势，于是就把自己产品的很多支撑点和利益点混杂在一起列出来，根本分不清哪是支撑点，哪是利益点。

其实，利益点不同于支撑点，将所有的支撑点和利益点胡乱地堆放在一起，是对支撑点和利益点提炼不够，挖掘不深，这会导致支撑点和利益点都没有挖掘出来，很容易造成产品的利益点不清晰，卖点找不到。而客户真正关心的并不是产品有多少指标和利益点，而是能满足他痛点需求的那个利益点，他要买的也是那个利益点。

某防水企业做广告时，提炼出了很多支撑点和利益点，把它的生产工艺、原料的原产地、专利复合技术、各种性能指标等支撑点和抗老化、抗裂、抗根、抗腐蚀等利益点都罗列了出来。最后还说这一套下来总价不高，这也是利益点。但客户真正关心的却不是这诸多的利益点，而是做了防水之后房子漏不漏水这个结果。因此，尽管企业提炼出了这么多的支撑点和利益点，客户听了也不一定能被打动。

但如果把这些利益点提炼成为客户最想要的结果：“××防水材料，防漏50年，50年之内，任何返修，一切费用由我公司承担。”客户听了，很可能会很快联系厂家。因为他最担心的是他的房子漏不漏水，做了防水能撑多久不漏水。而防漏50年，正好就刺中了他的需求痛点，因为用这种防水材料做了防水，他这50年就不用操心做防水这件事了。这个防水材料企业之前提炼出了那么多利益点，结果客户买的不是这些利益点和性能指标，而是50年不漏水这个结果。

因此，广告语应该以结果为导向，根据客户最关心的结果，来把利益点提炼成广告语，吸引客户。客户造房子时，看到“××防水材料，防漏50年，50年之内有任何的防漏，我们免费维修，一切费用由我们厂家自行承担”这样的广告，就会想：为什么这个防水材料会这样厉害呢？于是找企业咨询，这时候企业再介绍：第一，说品类；第二，说支撑点和利益点，比如，我们的利益点是什么，为什么能做到和实现利益点，因为我们有支撑点一二三；第三，讲销售方式，将证书、质保卡、售后等，都拿出来，这时候客户就会心服口服了；第四，讲价格，成本低，总价格不是太高。挖掘时一定要对支撑点和利益点一个一个地分析。让客户根据你的利益点，找出你的差异点，清楚你的差异点比别人好在哪里，最后这个利益点就变为卖点。如果客户认为你的产品成本各方面都不高，物有所值，那么他会选择你。

8. 从产品支撑点到产品价格

有时候有的产品价格卖不上去，为什么呢？因为产品的支撑点，也就是产品的规格、价值、卖点、性价比等撑不起产品的这个价格。

张雷点醒

给产品定价，既要高规格，又要有价值；既要有卖点，又要有高性价比；既要结合产品的优势，又要结合产品目前的短板。这几个方面综合起来，才能定出合适的价格。

（1）产品价格取决于产品的关键品类元素。

任何企业卖产品都想卖出个好价钱，要想卖出好价钱，就需要找到支撑起这个产品价格的点，也就是找到支撑价格的关键品类元素。

比如，你做的产品是轿车，轿车的品类元素有发动机、天窗、备胎等。那么，决定你轿车价格的是哪个元素呢？是发动机排量、功率的大小，还是有没有天窗；备胎呢？很显然，这三个品类元素中，发动机对轿车价格的决定作用更大一些，因为发动机是轿车的关键部件，犹如人的心脏对人体一样重要。而有没有天窗，对价格也有影响，但是相对小一点，因为人对舒适度的追求不一样。有没有备胎也不太重要，因为人们很容易买到备胎，花不了多少钱。可见，发动机、天窗和备胎，虽然都是影响轿车价格的元素，但定价的关键元素却不是天窗和备胎，而是轿车的“心脏”——发动机。

因此，产品能否卖出好价格，肯定不取决于那些无关紧要的品类元素，而是取决于关键品类元素。企业宣传产品的时候一定要宣传产品的关键品类元素，因为只有这样才会比较有说服力、吸引力和感染力，定出的价格客户才会认可。而无关紧要的元素则不需要过多宣传，因为即便宣传了也没有太大杀伤力。

（2）卖点不同，价格也不同。

所谓卖点，说到底就是一个让客户消费的理由。产品最佳的卖点，就是产品具有的让客户消费的最强有力的理由。也就是说，卖点是你的产品在同类产品中具备了哪些与众不同的特点。这些特点，有些是产品自身就具有的，还有一些是营销策划人员通过想象创造出来的。同样的产品，卖点不同，卖出的价格是不一样的。

比如，同样都是葡萄酒，有的只能卖28元，但有的可以卖135元，甚至可以卖275元。同样是葡萄酒，为什么定价差异这么大？原因在于它们的产区和工艺不同，它们的卖点不一样，卖275元的和卖135元的绝对不是一个卖点。卖275元的葡萄酒可能原料产区在北纬44° ，而且是3家农户的小产区，葡萄树的树龄为30年；卖135元的葡萄酒的原材料则是规模种植的，葡萄树有20年树龄。另外，营销人员在宣传推销的过程中，宣传的产品卖点也是不一样的。有的产品宣传的是来自哪个产区，有的宣传的是葡萄的品种，有的宣传的是酿造的工艺。这些不同的情况，都会使产品的价格有差异。

因此，给产品定价时，首先，将会影响产品价格的支撑点进行分类，也就是将影响产品价格的品类元素进行分类。其次，寻找出最能和最不能决定产品价格的元素。最后，通过分类梳理，从中找出改变什么品类元素，可以增加产品的价值，增强产品的竞争优势，提高产品的价格；找出改变什么品类元素，可以提升产品的格调；找出改变什么品类元素，可以降低产品的成本，获取更大的利润；找出产品有哪些品类元素具有优势，哪些目前还是短板，以便发挥优势，弥补和改善目前的短板，提升产品的竞争力。

阅读思考

（1）企业是否有明确的产品价值定位？企业的明星产品的定位是否清晰？

（2）做一份竞品分析，对比你的产品与竞品在价值定位上的差异。

（3）通过表格，梳理出某个产品的利益点与支撑点，并撰写一份体现其产品价值定位的广告文案。

中小企业产品锻造密码

04

第四章

密码3：产品规划体系
——产品线和产品结构的秘密

※ 何为产品规划？制订出符合公司战略、产品定位与产品线布局的生产经营计划便是产品规划。这是一个战略和战术的策划过程。当然也是产品经理最主要的常规工作内容。一份合格的产品规划书，必须建立在充分了解公司自身情况、发展方向、市场情况、用户需求、竞争对手、外在机会与风险、技术发展程度的基础上。

1. 认识产品线与产品结构是规划的前提

产品规划是产品经理的一项重要工作，具体来说，就是负责设计产品线、搭建产品结构。

什么是产品线？一条产品线代表一个产品类别，它由若干个产品项目组成，它们的使用功能、目标群体、销售途径、价格区间等大致相同，但它们的规格、型号、花色等不尽相同。

什么是产品结构？即单条产品线中的各个产品、多条产品线中的各个产品的组合搭配。

以手机市场为例，想要有效占据市场份额，单单凭借一两条产品线、几个明星机型，是缺乏竞争力的。必须依靠很多不同的产品线才能全面吸引各种类型的用户，最大限度地争取利益最大化。苹果通常会一次推出两部手机，一个屏幕尺寸小，一个屏幕尺寸大，偶尔推出平价版的iPhone SE与顶级版的iPhone X；三星有S系列、Note系列与A系列；小米有MIX、MAX和普通系列；OPPO有R系列和A系列；华为的产品线更是丰富，从八百元的低端产品到一万元的高端产品，均有涉及，这也是它能在出货量上赶超品牌影响力更大的苹果的原因。

经典案例

海尔产品线的拓展历程

从1984年建厂开始，直到1991年，海尔的产品线只有一条，那就是电冰箱。

1992年，海尔将产品线逐渐延伸到电冰柜、空调等其他制冷家电。

1995年，海尔又将产品线逐渐延伸到洗衣机、热水器、微波炉、洗碗机等。

1997年，海尔又进入黑色家电领域。

……

通过这样不断拓展产品线、增加产品规格，海尔的产品满足了市场的多样化需求，海尔提高了市场份额，成为国产家电品牌的强势力量。

通过案例，我们可以看到，产品线的发展通常具有如下规律：刚开始初创企业时，往往起源于发现市场的某个需求，或是掌握了某项创新技术，从单一产品入手，打开市场、发展企业，此时产品线的概念并不突出；然后，企业的成长速度、经营规模逐渐提升，形形色色的机会摆在眼前，企业家将企业做大做强的欲望也愈演愈烈。通过扩张产品线来占领更多市场、赚取更多利润，是既顺理成章，又迫在眉睫的一件事。

2. 遵守产品规划的三大原则

丰富又成熟的产品线无疑是一家企业的中坚力量与活力之源。不过在规划产品的时候，并不能看到什么产品赚钱就去做什么产品，这种简单思维根本算不上是产品规划。

产品规划必须以市场为导向，并充分细化目标市场，对产品结构进行合理调整，使产品在合适的市场充分释放潜力，特别要考虑好产品组合的宽度、深度与关联度。

（1）对应目标市场与企业战略。

从对外的角度，不同的产品所对应的目标群体和市场层级是不同的，在不同的终端需要满足的需求也不尽相同，这就要求企业在做产品规划时必须根据不同的产品品种做出调整。

从对内的角度，产品战略归属于企业战略，是其不可分割、不可忽视的一部分，因此必须保证高度一致，做出同步调整，以发展的眼光看待问题，保证短期利益和长远利益统一。

（2）与企业的主业形成关联性。

为了减少推广成本、延长产品线、提升品牌影响力，在规划新产品时，最好能够使其与原有的产品，即企业的主业产生关联，以这些已经相对成熟的产品为依托，从大品类、大领域的视角去取长补短。

假如某个企业的产品都是处方药，对应的是临床销售渠道，那么在规划零售终端的非处方药产品时就需要三思而后行，在对这个领域的市场容量、法规政策、客户需求、竞争对手都不了解的情况下，盲目投入生产，很容易碰壁。

（3）产品结构齐全。

足球队进行比赛时，会在不同的位置安排不同的球员，前锋、中锋、后卫、守门员，他们技术各有侧重、能力各有优劣，教练给他们安排的位置和责任各不相同。

同样，在企业进行产品规划时，也应该考虑到产品结构的合理搭配，把每一种产品、每一条产品线都当成是一个独立的个人，衡量它们的长处和短板，尽可能地把利润均匀配置到多条产品线上，令产品组合达到最佳状态，以分散单一产品、单一产品线的经营风险，企业的盈利水平和抗风险能力也会随着产品结构的日益合理与齐全而提升。

3. 这些产品规划理念误区，你中招了吗

越来越多的企业已经认识到了需求分析和产品规划的重要性，但没有认识到从挖掘市场需求到进行产品规划是一个系统化的信息处理和战略决策过程。

人的思维具有发散性、随意性、局限性，因此在产品规划的实际操作过程中，往往容易陷入误区，墨守成规地按照原来单一产品的思路开发新产品，一句话或几页纸就落实了一条新产品线。既没有明确发展方向，也没有严谨地识别每个需求的必要性、重要性和可行性，整个产品规划充斥着领导意志的独断专行，以及策划层与执行层支离破碎的衔接，让产品线和产品结构呈现出一番乱象，为企业的后续经营带来很多麻烦。

产品规划理念的常见误区有以下几种。

（1）产品线越多越好。

很多企业都觉得想要让品牌壮大、想要抢占市场，产品线一定要“高大全”，要以排山倒海之势压制竞争对手，实际上，产品线并不是越多越好。过于冗余的产品线会导致下述问题。

其一，研究显示，对于同一品类的产品品牌，能够令消费者产生深刻记忆的品牌通常不会超过3个，能够令消费者有一般认识的品牌也不会超过7个，所以太多的子品牌反而不利于加深母品牌在消费者心中的印象，最终会稀释母品牌资产。

其二，多条产品线之间难免会有功能、价格上的接近，这意味着它们在分享同一个市场、分食同一块蛋糕，既容易造成各种资源浪费，也会带来销售渠道上的抢夺，形成内斗，造成内耗。

其三，在频频上线新产品之后，却没有相应地下线老产品，这些早就失去市场活力的老产品如同鸡肋一般，继续苟延残喘，浪费着大量企业资源，甚至占用了本应该分配给新产品的人力、物力、财力。

（2）产品规划是研发部门和产品经理主导的。

很多人都会下意识地认为产品规划是研发部门的工作、是产品经理的工作，交给他们去做就好。但即便研发部门的技术再精尖、产品经理的储备知识再丰富，也无法凭借一己之力胜任整个产品规划工作。

一个完整的产品规划会囊括多个专业领域的知识，每个领域的工作人员都会对新产品有自己的认识和看法，由于出发点不同、对市场与客户的理解不同，往往会出现意见分歧，团队难以达成默契。如果仅仅为了减少麻烦，只是让研发部门和产品经理负责一切、闭门造车，忽视了听取多方意见、体察市场变化，没有让市场驱动发挥应有作用，就很容易导致研发与市场脱节，辛辛苦苦做出来的产品规划与试制的产品不被市场认可。等到产品开发出来、大批投入生产后，再去费时费力地找市场、找客户、找产品卖点，最终陷入被市场和客户“牵着鼻子走”的窘境。

（3）新产品上线讲究“唯快不破”。

盲目追求迭代速度，想方设法地抢占先机，过早地草率确定产品规划方案，不重视产品质量与市场适应度，这是一种典型误区。假如某个产品快到一周一个迭代，这种闪电战很难保证策划、设计、开发、测试、上线都是经过深思熟虑的，疏漏在所难免，最终造成团队成员日夜加班疲于奔命，却没有实现预想成果。

需要注意的是，在不同产品阶段有不同的规划侧重点。

初步/成长期：

★ 挖掘真正的用户需求；

★ 分析市场趋势；

★ 注重核心功能的实现。

快速成长期：

★ 侧重用户分析与竞品分析；

★ 突出产品路线图；

★ 注重产品功能的扩展和完善；

★ 指导迭代版本。

稳定发展期：

★ 大企业追求财务指标；

★ 小企业选择新产品形态；

★ 增加数据分析次数和优化方案；

★ 注重用户体验提升；

★ 多进行用户分析和竞品分析。

张雷点醒

产品经理需要找到产品规划的明确方向，分清工作的轻重缓急，安排工作计划，调节好适合团队的时间节奏，定期回顾上一阶段的成果与策略，以此为依据有条不紊地推动下一阶段计划实施。

4. 运用立体思维，全面看待问题

新产品能否为企业带来持续不断的利润，往往取决于前期的产品规划是否正确，是否具有前瞻性与现实性。产品规划的思想基础，则取决于产品经理的思维模式和思考维度。

如果一个产品经理的思维模式能够从企业的顶层设计、企业的发展路径这两方面入手，就能够保证他规划出来的产品与企业总体规划步调一致。

如果一个产品经理的思考维度能够实现一维变成二维、二维变成三维、三维变成四维、四维变成多维的飞跃式发展，就可以保证他规划出来的产品符合市场与客户需求，顺应时代科技发展，具有鲜活的生命、强悍的竞争力。

那么具体来说，思考维度到底是什么呢？

我们在理解一个现象、分析一个问题时，常用两种思维方式，一种是“线性思维”，另一种是“立体思维”。有人给线性思维下了定义——“认为实物之间只存在单向的、直线的因果关系，而看不到实物之间更多的方向、更复杂、更曲折的因果关系”。与之相对的便是立体思维，又称多元化思维、多维思维。

图4–1是一个典型的立体思维模式。

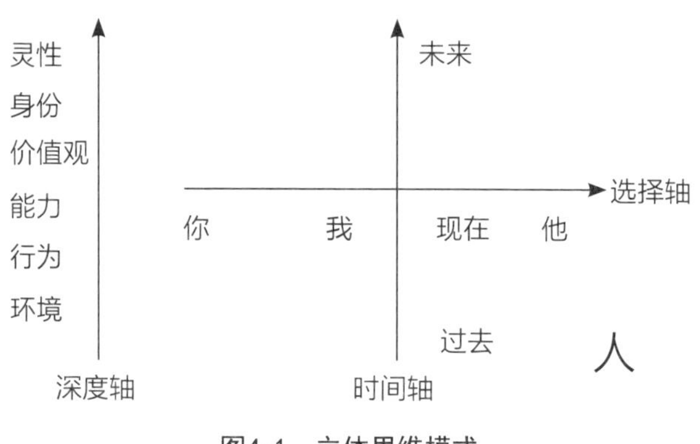

图4–1　立体思维模式

如果我们的研究对象是人，那么思维的维度可以沿着这三条轴线展开：时间轴、选择轴、深度轴。时间轴是一个具有连续性的纵向思维，包括与人相关的过去、现在、未来的成长变化、所思所想、所作所为；深度轴是一个具有关联性的纵向思维，包括人所处的生存环境，人的具体行为、个性能力、价值观、身份地位、灵性感知；选择轴是一个并列模式的横向思维，包括你、我、他，代表了个体之间的互相审视。这三条轴线交叉在一起，构成了一个多维的思维结构。

当我们评价一个人的时候，一维思维说：“他是一个人。”二维思维说：“他是一个虚荣心极强却没有真本事的人。”三维思维说：“他以前是一个虚荣心极强却没有真本事的人，做过一些偷鸡摸狗的事情。”多维思维说：“他以前是一个虚荣心极强却没有真本事的人，做过一些偷鸡摸狗的事情，现在依然不思悔改，所以一事无成，将来肯定不会出人头地。而这一切，都与他的家庭环境有很大关系，他的父母本身就不重视家庭教育，而且很溺爱他，即便他犯了错，也一味偏袒……”

同理，如果我们研究的是一个产品，比如白酒盒。

在一维思维的理解下，白酒盒是用来装白酒的。

在二维思维的理解下，原来的陈述句可能会变成疑问句：白酒盒需要白酒（产品生产出来后去寻求客户），还是白酒需要白酒盒（根据客户需求生产产品）？二维思维的典型表现是角度的转换，从原先的“站在厂家的角度看待产品”，变成了“站在客户的角度看待产品”。

在三维、四维、五维等立体思维的理解下，白酒盒链接的不仅是白酒行业和白酒；白酒盒的销量如何，并不完全取决于白酒盒厂家的产品、质量、口碑，也不完全取决于消费者的喜好、消费能力，它还受经营环境、流行趋势、国际市场的影响。也就是说，经营环境发生变化，产生了新的流行趋势，国际市场带动本土市场，厂家的计划、客户的需求也会随之变化，需要做出有针对性的调整。比如最近是否发生或者即将发生造成大量人员伤亡的战争。如果厂家所处的环境战事连连、民不聊生，那么应该重点生产什么？不应该生产什么？身处战争旋涡的国家最紧缺的物资是什么？是食物。最卖不动的是什么？奢侈品。若是不观察环境、判断趋势，反其道而行之，那么生产出来的产品再好，也可能毫无意义。

张雷点醒

产品经理一定不要盯在一个点上做事情，要学会从全局高度看待问题。

从产品的几个思考维度出发，反省一下在产品体系当中，哪里是需要进行策略梳理的，哪里是需要重新规划的，规划哪些产品要留下，哪些产品要退市。销售量长期处于末位的产品就应该被淘汰，一定要敢于舍弃那些占用库存、资金、人力却没有创造出相应价值的产品，有舍才能有得。

凭借着这样的思想基础做出的产品规划，才能引领企业实现持续盈利，在瞬息万变的竞争风暴中立于不败之地。

5. 调整产品线的小角度与大方向

当我们在现在已有的产品线基础上对产品结构做出新的规划时，可以从小的角度与大的方向上入手，也就是对单条产品线进行长度上的调整、对多条产品线进行广度上的拓展。

（1）小角度：调整单条产品线的方法。

第一，增加产品线的长度。

一种延长方法是发掘尚未被满足的那一部分需求，向产品线中的空白处扩展，增加产品项目的数量。

另一种延长方法是寻找竞争对手的不稳定项目，向产品线中的薄弱环节扩展，有针对性地寻求优化解决方案，旨在开发出新的产品项目。

第二，缩短产品线的长度。

多多未必益善，有时候增加产品线的长度未必会使产品线的总利润上升，反之，缩短产品线的长度在一定情况下是有好处的，比如明智地削减利润很低或者亏损的产品项目（尤其是在竞争对手在相同产品项目中占据更大优势的情况下），将节约出的成本集中投入占利润比重大的优势产品项目里，以此避免无益投入，提高整体利润。

（2）大方向：扩展多条产品线的方法。

第一，向下扩展。

向下扩展即原来经营高档产品的企业进入中低档产品市场。

企业将产品线向下延伸，有以下几种原因：①中低档产品市场的空隙可以产生较为可观的销售利润空间；②原本生产经营的高档产品的销售增长速度无法继续提高，为了收支平衡，只能拓展中低档产品市场；③防范竞争对手可能发起的侧翼攻击，先下手为强，选择填补自身产品线的空白来打击竞争对手。

向下扩展产品线的可能性风险有以下几个方面。

其一，原来生产高档产品的企业后来开始生产中低档产品，名牌产品的形象会因此受到负面影响，原有用户可能心生芥蒂，一些想用品牌彰显身份的用户会选择其他品牌。

其二，进军中低档产品市场，打破原有市场平衡，难免会刺激到其他生产中低档产品的企业，为了保证总体利润不大幅度下滑，这些企业中具有实力和魄力的一部分企业有可能采取向上扩展产品线的方式，以彼之道还施彼身，向高档产品市场发起反攻。

其三，经营中低档产品所得利润相对较少，企业的经销商可能因此不愿意经营该品牌。

第二，向上扩展。

向上扩展即原来经营低档产品的企业进入中高档产品市场，原来经营中档产品的企业进入高档产品市场。

企业将产品线向上扩展，有以下几种原因：①较高档次的产品意味着较高的利润率，这种强大的吸引力令人欲罢不能；②企业定位发生变化，企业向着“完整产品线的制造商”转变。

向上扩展产品线的可能性风险有以下几个方面。

其一，迫使原本经营高档产品的企业发起反击，进入中低档产品市场，加剧了企业之间的竞争压力。

其二，客户可能对企业是否具有生产高档产品的能力表示质疑。

其三，原有的销售员和中间商可能因为缺乏经营高档产品的能力和经验，在高档产品市场中提供的服务难以满足企业和客户的需求。

第三，双向扩展。

双向扩展即原来经营中档产品的企业，将产品线同时向下扩展、向上扩展。

经典案例

华为手机的产品线双向扩展策略

原本以打造低端产品为主、目标是年轻人的荣耀品牌的华为手机，不仅开发了数字系列、V系列、青春版、畅玩等荣耀品牌系列，还开发了华为品牌手机，其中Mate（朋友，华为手机的一个系列名）系列是最贵的，目标人群是商务人士，P系列主打颜值，适合年轻人尤其是年轻女性用户，价格比Mate系列便宜，Nova（新星，华为手机的一个系列名）系列的定位跟P系列类似，不过目标人群是普通年轻人。

相对于高档产品与低档产品之间的巨大差异，中档产品上接高档产品、下联低档产品，与它们之间的差异并不太大，所以在进行产品线的双向延伸时，操作更容易一些，市场的接受度也更高一些，成功的可能性极大。

6. 找准需求重心，实现产品价值

产品规划的工作流程，也是产品需求的分析过程。经济学上对需求的解释是：目标用户在一定价格条件下对商品或服务的欲望，随着时间与市场趋势的变化而变化。

这是一个带有主观因素的过程，可以分为获取需求、分析需求、决策需求。

（1）获取需求。

产品需求可以来自方方面面，比如：公司内部的老板或领导、其他部门或同事；外部的客户、合作伙伴。需求采集方法有文献调研、用户访谈、问卷调查、竞品分析、运营数据分析及用户模拟等。

（2）分析需求。

这些主观色彩浓烈的产品需求对产品规划起到直接影响，它们受限于开发资源、时间、时机、必要性等因素，有时可以带来正面效果，有时则会带来负面效果，甚至适得其反。

张雷点醒

在获取需求的时候，要有一定的判断能力，学会取舍，去伪存真，放弃或延后不重要的需求，将那些离谱的、偏激的需求剔除出去，这样才会提高产品规划的工作效率。

1）分析需求的考虑因素。

做产品需求分析时，我们经常会遇到的问题便是“××功能要不要添加”“××功能要不要保留”。尽管产品需求是主观的，但对其进行分析、评估、决策都有参考标准。通常从以下四个方面权衡利弊。

第一方面：战略方向。

战略方向包括公司所处行业位置、业务价值点、商业模型、盈利模式等因素，没有明确的标准，是宏观的参考范围。产品的资源、资金、人力等方面的投入力度与企业内外部的战略方向大有联系，所以战略方向也能够被细化成各个阶段，我们需要明确当前公司的产品核心目标，据此找准每个阶段的需求重心，简化决策思路，适时调整核心功能方向。在特定阶段做最重要的事，比如在产品起步阶段，战略方向是将产品快速推向市场、验证产品的可行性。

第二方面：产品定位。

战略方向侧重市场和公司，产品定位侧重功能定义，重点是明确功能需求的界线，判断功能需求是否与产品定位相符合。比如，微信是聊天软件，淘宝是购物软件，支付宝是理财软件。

第三方面：用户需求。

产品满足用户的使用需求才能实现价值。准确把握好用户需求（综合考量目标用户、适用场景、行为路径等），可以提升产品在市场中的价值，提升用户体验，增加用户认可使用率。

比如，阿里集团旗下的淘宝和阿里巴巴虽然都是电商平台，但淘宝是2C（对个人），阿里巴巴是2B（对商家），它们的用户群体不一样，用户需求也就不一样。

我们应该明确以下两点：其一，需要与需求是不同的概念，不要混淆，要根据需求的频度、广度、强度来衡量其价值，判断需求是否值得开发；其二，产品形态并不能代表产品本质。

第四方面：可行性。

技术上是否具有可行性？资源成本、时间成本企业是否能承担？产出收益是否能保障企业运营？市场风险与法律风险企业是否能承受？这都是可行性的考虑内容。

2）分析需求的过程。

分析需求，即对需求进行细化，规划各个阶段和版本的需求。在这个过程中，我们要对需求进行分类、分位、分级。

第一步：分类。

为了更好地管理需求，分类存储极有必要。分类方式多种多样，可以根据功能属性分类，将其分为功能类、运营类、数据类、设计类、体验类；或是根据职责属性分类，将其分为技术类、设计类、运营类、编辑类、客服类。

第二步：分位。

根据考虑因素和设计理论，通过四象限定位法（见图4-2）对需求进行分位，以需求的紧迫性为纵轴，需求的重要性为横轴，可以将需求按照轻重缓急分为四种。

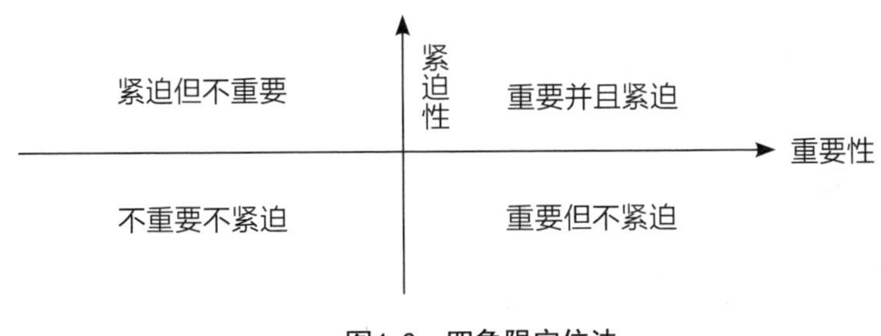

图4-2 四象限定位法

第三步：分级。

产品中存在很多功能部件，然而并不是所有功能都具有相同的权重。我们将需求进行分位后，还需要进一步评估这些需求的优先级，决定哪些要做、哪些不做，哪些先做、哪些后做。

需求的优先级：重要并且紧迫＞重要但不紧迫＞紧迫但不重要＞不重要不紧迫。

（3）决策需求。

协同考量领导的意见、产品经理的意见、团队共同意愿，在想着为用户解决问题的同时，思考解决问题带来的商业价值，让产品功能丰富，突出产品核心功能，最终做出需求规划，也就是版本迭代规划。

7. 设计理念：有用、可用、易用、好用

在产品规划中，通过需求分析，我们界定了决策范围，然而并不能仅仅依靠这些，就“大胆”地展开产品设计。

张雷点醒

产品设计是一个精细活，是一个秉承“以用户为中心”，将用户需求细化、分解，融入产品经理和研发人员的理念，实现具象化、功能化、体验化的过程。

产品规划的设计通常可以分为四个优先等级，它们组成了金字塔式的设计理念，如图4–3所示。

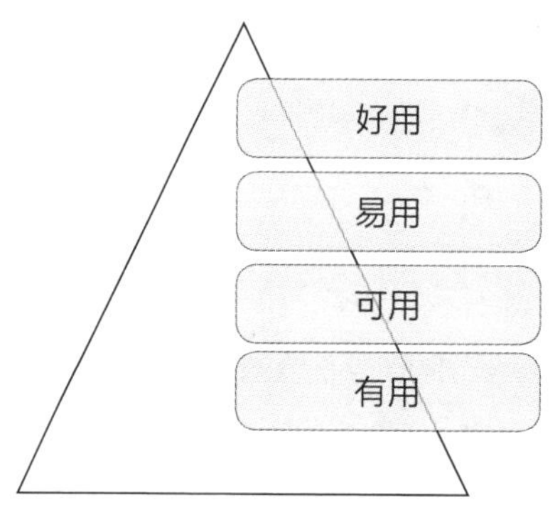

图4-3　产品规划设计等级

（1）设计理念：有用。

关键点：对需求的有效性进行识别，坚持以核心需求为中心。

为了确保产品有着明确的功能定义和用户定义，我们必须根据设计理念决策

需求的优先等级，首先要将产品对使用者有用放在最基础的位置上，这也是定义与开发产品时应该始终保持的一个方向。

以空调为例，用户购买空调的核心需求是使用它降温和升温的功能以带来舒适的人体感受，假如一个空调设计精美、造型独特，还拥有众多拓展功能，比如定时、省电、播放音乐，但其在基本功能上不够完善，不能很好地在夏天制冷、在冬天制热，那么用户会选择这种核心价值对用户群体不起作用的产品吗？当然不会。

（2）设计理念：可用。

关键点：重塑、保障用户需求，以适应不同的使用场景。

简言之，可用就是确保产品不会出现功能性BUG（缺陷），确保产品性能优良，满足质检要求，在安全、快速、兼容性、流畅性等方面不出现故障。这其中就要考虑到用户在使用产品时会出现的不同情况。

以净水器为例，其核心功能是净化水质，但具体能达到何种标准，却与使用环境、当地水质有极大关系，在设计产品时，需要考虑到这些差异性条件，让产品在用户使用之时能够达到其期望值。如果一款净水器可以在A地区正常使用，过滤后的水能够达到标准，在B地区却由于气候条件、水质等客观条件，过滤后的水无法达到标准，那么它只是满足了能够过滤水的有用，满足不了能够净化所有水质，并使其达标的可用。针对这种情况，企业应该分别针对用户所处环境的不同，根据地域水质特点重新设计产品，可以将原本的净水器细分为两种滤芯版本，一个是常规过滤（销售市场为A地区），另一个是强效过滤（销售市场为B地区），使两种不同地区的水质在经过过滤后都能够达标。

（3）设计理念：易用。

关键点：梳理结构流程，方便用户操作使用。

有用和可用是产品设计的前提基础，只有满足了这两点，才有继续快速迭代来完善并改进、深入挖掘和研究产品的易用和好用的可能性。什么是易用？它重视的是用户的体验。也就是产品是否符合用户的操作习惯，是否具有较低的使用成本（节约了时间、费用等），是否简化了学习成本（阅读使用说明书时是看一遍就会，还是阅读多次仍不得要领）。

这一点可以在手机App（应用程序）的设计上得到充分体现。具有同样功能的两款视频直播软件，用户在观看直播时，A软件可以直接在主播房间内进行充值操作，B软件却需要退出主播房间，进入个人设置界面进行充值，操作过程复杂，无形中浪费了用户的时间，影响了用户观看直播的连续性。

（4）设计理念：好用。

关键点：优化外形设计，符合用户群体的个人喜好。

当以上三个条件得以满足之后，用户体验的追求便可以继续升级，此时需要被满足的不再是实用性、操作性方面的基础需求，而是上升到了视觉、听觉、嗅觉等的感知和精神层面的需求。通过产品外形设计，在形状、色彩、大小等方面美化细节，与用户的深度需求相适应，就可以让自己的产品在众多同类产品中脱颖而出。

比如设计台灯时，在保证了质量、性能等基本条件之后，就可以针对用户群体在台灯外形上下一番功夫，如果用户定位是少年儿童，就需要使用活泼的卡通造型、鲜艳的配色，如果用户定位是新婚夫妇，就需要使用喜庆温馨的配色和寓意幸福美满的图案文字。

8. 知彼知己、取长补短的秘诀——竞品分析

竞品分析，顾名思义，就是以接近用户流程模拟的方式对竞争对手的产品进行比较分析。

张雷点醒

竞品分析的目的在于寻找和研究竞品的优点，从而为规划和设计自己的产品提供支持，将结论性报告具体落实到定义产品的功能和价值上。意义在于知彼知己、取长补短。

具体来说，竞品分析是对多个产品的架构、功能、模式、策略等内容进行多维度横向对比分析的过程。一般，竞品分析流程如下。

（1）明确竞品分析的目标。

产品规划、产品设计的解决方案，都要以清晰的目标为前提，有针对性地聚焦到不同方面，再去开展研究和比对。竞品分析目标不同，采用的分析思路与分析方法也是不同的。假如想上线一个新项目，竞品分析目标是了解市场上同类产品的销售情况，后续就需要以竞品的市场地位、市场占额、商业模式、运营策略等内容作为分析重点。

通常来说，竞品分析的目标有以下几种。

★ 摸清市场发展趋势，找准新品切入点；

★ 了解现有对手，发现潜在对手；

★ 把握用户需求，改善对应的产品功能和结构；

★ 验证关于新产品的想法，明确产品方案的可行性；

★ 对比竞争产品，寻求待挖掘或完善的关键点；

……

（2）选择正确的竞品分析对象。

为了更加合理地挖掘竞争对手，我们在确定竞品分析对象时，一般要按照同行业内产品在细分市场的服务重叠程度加以区分，还应该顺势建立长期跟踪分析机制。这对于把握市场与对手的发展动向、预防潜在竞争危机，大有裨益。通常，有以下几类竞品分析对象。

第一类，直接竞品。

直接竞品指的是核心服务、核心产品、市场方向、用户群体等基本相同的产品。不建议选择太多，一般选择一两个直接竞品即可。

比如，美团外卖的直接竞品是饿了么，网易云音乐的直接竞品是QQ音乐、虾米音乐。

直接竞品很容易就可以确认，但不应仅仅以其为分析对象，否则就会局限于惯性思维中，难以实现产品规划上的突破和创新。

第二类，间接竞品。

间接竞品分为两种：一种是目标用户相同、用户需求不同的产品，两者之间不会形成竞争关系；另一种是目标用户不尽相同、产品结构和服务流程却有些许相似的产品。

比如，美术培训班的间接竞品是陶艺培训班，虽然授课内容不同，但是用户群体大体相似——寻求艺术培养的少年儿童，美术培训班通过竞品分析可以吸收借鉴陶艺培训班的招生模式、授课方式等。

第三类，潜在竞品。

潜在竞品指的是核心用户群高度重合，尽管暂时在核心功能和服务上不存在重叠，不过后期进行产品迭代时会出现重叠情况的产品。可以从市场格局、产品演化路径等维度去分析研究这类竞品，防患于未然。

（3）收集竞品数据资料。

收集竞品数据信息时，最重要的原则是保证收集数据的客观性，防止其误导分析结论。

一般情况下，以下这些信息都是十分必要的：行业的分析报告和市场格局，产品的版本迭代情况，产品的运营事件和运营信息，产品的业务流程梳理等。

（4）多维度分析竞品。

第一，对比产品数据。

用数字说话，通过对产品的整体数据、数据趋势与功能数据进行收集对比，找到产品之间的差距，发现用户群体的行为偏好和使用习惯，明确自己在哪方面需要提高和改善，给新产品设计提供指导和建议。这些数据可以通过各种官方数据、搜索引擎、互联网第三方信息等渠道来获取。

第二，对比特色功能。

特色功能是产品拉开差距的地方。需要列出各自产品的功能，从中发现能力差异、成本差异，为设计新功能、改版现有功能提供切实可行的指导意见。

第三，对比运营策略和运营方向。

竞品在各个产品阶段的推广方向和获取用户的方法也是需要分析研究的。

第四，对比产品的版本迭代和演化路径。

找出竞品版本迭代的关键时间节点、更新情况和运营手段，旨在据此预测竞品的发展方向。

阅读思考

（1）分析思考苹果、小米、华为的产品线规划体系的优势。

（2）在用户需求的取舍问题上，你认为首要判定因素是什么？

（3）通过竞品分析，总结你所在行业产品同质化竞争现象。

05

第五章

密码4：产品品牌战略——品牌活法与传承的最高境界就是形成商业信仰

※ 品牌战略是以用户价值为核心出发点的顶层战略系统，是打造商业信仰的系统，也是企业顶层设计的重要内容之一。尤其是中小型企业、民营企业，如何以最少的营销成本在一夜之间令自己的存在为大众所知，并且在同质化竞争中突围成功、存活下来？除非真的拥有竞争优势非常强的产品，否则必须依靠品牌的打造，只有这一条路可走。

1. “雾里看花，水中望月”的品牌认知误区

你记得住华为现在有多少系列，其产品中有多少个软件，它具体怎么做这些产品的吗？你很难记住这些。令你印象最深刻是华为的名字、华为的Logo（商标）。其实它们都是品牌的视觉呈现。许多年以后，可能会没有人记住任正非，但他们会记得华为。品牌活法与传承的最高境界就是形成这样的商业信仰。所以，我们一定要拥有品牌意识。

如今，随着品牌建设与管理日趋成为一门成熟学科，越来越多的中小企业意识到了打造品牌的重要性，然而在品牌认知方面却依旧存在诸多误区，一直处于“雾里看花，水中望月”的状态。这些认知误区往往造成了企业在进行品牌策划与品牌运营时行为模糊、随意，耗费大量人力财力，事倍功半。

下面几种常见的品牌认知误区需要我们引起注意。

（1）现在企业还小，等以后企业做大了，再做品牌也不迟。

在提升品牌影响力上投入几十亿美元，对许多知名大企业而言是家常便饭，但是对很多中小企业而言，这是其谈品牌战略色变的主要原因——塑造品牌耗资巨大，而现阶段自身实力有限，负担不起，心有余力不足。

毋庸置疑，我们应该理智地分析客观情况，打肿脸充胖子、盲目将有限资金投入品牌打造、产品促销、广告推广上，也确实会令企业大伤元气。但需要注意的是，每个品牌的发展都并非一蹴而就，由浅至深、由弱变强是一个必然的过程。

在相对较为弱小的发展阶段，中小企业纵然无法在品牌战略的实际操作方面与大企业相提并论，但品牌战略必不可少。一方面，企业要注重提升产品品质、

保障服务到位，给予消费者切实、良好的感受，逐渐积累口碑；另一方面，企业可以将聚焦差异化心态、以客户为中心的观念，广泛植入企业文化之中，并且将“我们正在打造品牌”的规划渗透到每位员工的意识里，分解到他们的实际工作中。做好这些基础工作，再伺机而动，打造出强势品牌。

（2）名牌＝品牌。

许多企业错误地将“名牌”与“品牌”这两个词混为一谈，实际上，名牌和品牌之间既有联系，也有区别。

简而言之，名牌是一个具有较高知名度的品牌名称，可以通过投入高额广告费打造出来，能在短期内促进销售额提高，却往往顾此失彼地未能获得品牌所应具有的其他附加价值；而品牌是一个综合、复杂的概念，知名度仅仅是品牌的一个方面，相对于名牌，品牌的内涵和价值更有深度，可以为产品的长期利益做出更多贡献。所以打造一个品牌也需要付出更多的努力和心思，每一次产品推广与广告运作，都需要兼顾战略规划、视觉形象、核心理念、品牌符号、品牌场景、广告调性等方面。

（3）销量领先＝强势品牌。

什么是强势品牌？有些企业管理者认为在各个方面能占据第一位置，比如，市场占有率第一，技术专利数量第一，就是强势品牌。但是盲目而片面地追求销量，往往导致企业忽视其他方面的建设，比如品牌的知名度、美誉度，客户忠诚度等。

强势品牌意味着企业具备长期竞争力，并非单单依靠产品销量本身来实现利润的增长，借助品牌力量不仅可以保证产品销量，还能够提升企业的股票市值和无形资产价值。而市场占有率、专利技术与国家免检等概念代表的则是企业短期竞争力指标，想要实现利润，就必须提高产品销量，所带来的收益附加于产品，也受制于产品。

（4）做广告＝做品牌。

广告是维持品牌知名度的重要手段之一，这是正确认知。

只要加大媒体投入、进行铺天盖地的广告“轰炸”，就可以打造出品牌，这是错误认知。

“恒源祥”广告可以算是铺天盖地了吧？然而消费者依然对其“知之甚少”，只知道这是一个很有知名度的牌子，不知道它的历史、现状，更不知道其商标之下更丰富的内涵。品牌的形成和维护是一个相当复杂的系统管理工程。广告是企业主体单方发出的信息，主要作用是在品牌运营活动中维系良好的品牌知名度、曝光度，其内容具有时限性与局限性，而想要令消费者通过一两个广告形成对企业及其产品的综合认知，很难；形成对特定品牌的深度意识，更难。

（5）品牌文化＝企业文化。

这里我们需要对品牌文化和企业文化的含义作出区分。

品牌文化，指的是企业在生产经营过程中，通过与消费者进行利益、认知和情感归属等方面的互动，逐渐形成的一种被广泛接受认可的文化积淀，消费者对品牌文化的真正诉求更趋向于功能上和情感上的获益。企业文化，指的是在企业初建和发展进程中从内部形成的价值理念与行为准则，是一种能被全体员工认同与遵守的文化。

也就是说，品牌文化是和消费者挂钩的，企业文化是和员工挂钩的。因此，品牌文化的建设应该以了解当下消费者文化为基础，并且以消费者为目标主体展开。切勿跑偏，比如向消费者解释“企业理念是什么，产品如何生产，企业能否做强做大”这些问题。

总之，企业管理者必须借助客观的事实、科学的态度和发展的观念去深刻认知品牌内涵，避开以上这些常见的品牌认知误区，才能引领企业更好更快地步入强势行列。

2. 中小企业的品牌之路：活法、传承、竞争

早在2014年5月10日，习近平总书记就提出了“三个转变”的重要论述：

★ 推动中国制造向中国创造转变；

★ 推动中国速度向中国质量转变；

★ 推动中国产品向中国品牌转变。

2017年4月24日，国务院批准设立中国品牌日，将每年的5月10日设立为“中国品牌日”。这意味着中国自主品牌建设上升到了国家战略层面。

面对当前形势，许多中小企业缺乏品牌意识，再加上缺资金、缺管理、缺人才，所以面对品牌之路充满了困惑和无助，为了维持眼前的生存，不得不做出一些急功近利的事情。从长远来看，这些认识和行为将会给企业带来一系列危机。

首先是一切行为皆趋利，什么项目赚钱就去做什么项目、什么项目正流行就去做什么项目，盲目跟风、缺乏计划的结果就是结束一个项目之后感到无所适从，甚至会出现资金链断裂、发展停滞的情况，根本原因就在于企业没有一个稳定的盈利模式。

其次是陷入价格战的怪圈，同质化竞争激烈，一群小兵对抗大将，或是一个小兵对抗一群小兵，在这种敌我力量悬殊的情况下，不太知名的企业想要保证销量，就必须参与薄利多销的价格战，可惜赔本赚吆喝的结局往往不尽如人意。

最后是消费者忠诚度降低，因为随处可见同类产品、知名产品，名不见经传的小品牌必然会被安置在货架的角落，本着“一分价钱一分货”的传统消费观念，消费者天然对“杂牌”商品没有什么好感。

由此可见，想要更好地找准适合企业自身情况的品牌发展之路，我们必须对品牌以及品牌竞争模式拥有全面而准确的认识。

（1）**品牌的两个基因**。

我们可以将品牌理解为一个商业物种，这样一来，它也有了自己独一无二的基因。“种瓜得瓜，种豆得豆”，品牌基因就是产品成长的种子。这条品牌基因链由两部分内容相互缠绕组成，一个是品牌的社会价值，代表着一种横向的活法；一个是品牌的时间价值，代表着一种纵向的传承。品牌是独特的社会价值与时间价值的产物。凡是不具备这两大基因的产品，都不会长久。

活法：社会价值。

那些经久不衰的成功品牌，都无一例外地在消费者心目中确立了稳固的、良好的形象地位。这种地位不仅仅是产品本身带来的，它与这个品牌所倡导的人生观与生活方式以及对社会做出的贡献息息相关。因为消费者接受某种产品的时候，表面体现出的是对物质的需求与认同，深层次体现出的是对精神的需求与认同。当一家企业时刻心怀众生、情系国家，它的品牌便被赋予了核心之魂，其物质价值和精神价值得以不断提高，同时给社会带来了宝贵的精神文化财富，对大众的思想意识和生活观念产生深远影响。

传承：时间价值。

做出一个成功的品牌绝非一朝一夕便能实现，至少需要几年时间，企业必须将其视作一个长远的、可持续发展的战略目标。做品牌需要高瞻远瞩，但品牌并不是空中楼阁，企业必须先踏踏实实地做好基础——产品，它是品牌的一个有机组成部分。就这样，时间不断累积，口碑不断流传，价值不断提升，这才是品牌的发展之道。

（2）**品牌的两种竞争模式**。

竞争是市场经济的本色，适度竞争有利于促进社会发展。“竞”与“争”存在区别，同向为“竞”，相向为“争”，“竞”侧重于竞赛、竞技、比赛，“争”侧重于争抢、争夺、争胜。在品牌竞争过程中有两种模式，分别是既竞也争与竞而不争。

第一种，初级层次的竞争模式——既竞也争。

特点：企业锁定竞争目标之后，根据目标的策略和行为相应地调整自己的策略与行为，以期占据上风。

各个企业都想在竞争日益激烈的市场中成为行业领跑者，很多企业由此变得急功近利，一味追求利益最大化，直接后果就是适得其反，甚至“伤敌一千，自损八百”，得不偿失。

第二种，更高境界的竞争方式——竞而不争。

特点：企业目的是早点达到某个终点，而不是击败他人、打倒他人，秉持着“我没有对手，我没有敌人，只有我和用户”的信念，自己定义行业标准与消费需求，积极参与精益求精的自我竞赛，而不是陷入争夺资源的苦战中。

张雷点醒

某位思想家表示，优秀的对手能够激发你的潜能、决定你的水平。对手千千万万，这其中最大的对手却是自己，只有战胜自我，才能获得最大的成就。由此可见，“竞”是一个比“争”更好的状态，竞而不争，足以分出企业之间的高下优劣。

（3）品牌之路就在脚下、眼前。

纵观市场，产品就是那些产品，服务就是那些服务，客户就是那些客户。在千千万万同类产品中，消费者选择我们产品的理由是什么？必须给出他们足够多的理由，比如打响一个知名品牌，这样产品的支撑点才越多、产生的利润点也越多。

对中小企业来说，打造品牌的道路其实没有想象中那么难走，只要脚踏实地、按部就班地走，就能够有所收获。

一方面，厘清认知，找准品牌的发展定位。

中小企业生产资源有限、管理能力也相对较弱，因此不宜将产品线拉得过于冗长、过于分散，否则每个产品发展的正常需求便难以保障，往往顾此失彼，一着不慎满盘皆输。企业一定要结合自身实际情况，集中优势资源，通过倾力打造品牌的核心竞争力去赢得市场。

另一方面，把握时机，在关键节点扩张品牌。

在巨大的市场中，机会随处可见，企业要善于把握市场、审时度势、捕捉机会、果断决策、独具慧眼。对于中小企业而言，最好的品牌扩张机会是开发一个或若干个有利可图的角落市场，它们或是不大可能引起大企业兴趣的市场，或是其他同规模企业尚未顾及的市场，而与市场领导者直接较量或盲目跟风都不是最佳策略。

3. 重新定义品牌，是绝处逢生，也是焕然新生

张雷点醒

当企业发展停滞不前或是出现阻碍，企业寻求自我突破的时候，重新定义品牌是一条必经之路。

什么是重新定义品牌？就是有计划有步骤地调整消费者头脑中对原有品牌的认知（关于自己的或关于竞争对手），而不是完全打破原有品牌的形象和定位、改头换面地重新设定或塑造。

重新定义品牌意味着要与时俱进，不能抱着过去不放，一定要让过去过去，才能开始新的创业。重新定义品牌是一件机遇与风险并存的大事件，必须考虑周到、慎之又慎，可以按照以下内容逐条调整。

（1）重新划分领地、定义用户。

尽管“品牌延伸”的大蛋糕充满了诱惑，每个企业都想尽可能地拓展自己的客户群，希望能将全区域、全年龄段、各种职业、各个消费层级的客户都拿到手，企业的“胃口”和“消化能力”往往不成正比，最终顾此失彼，没有获得预想的成绩。所以即便“消化能力”很强，当延伸出来的产品或服务超出市场对品牌认知的范围时，企业也将要承担巨大风险。

理想很丰满，现实很骨感。通常而言，跨行业、跨领域的知名品牌是很难存活的，就像“老北京布鞋店”没有办法卖皮鞋一样，绝大多数品牌都限定在一个行业或领域之中，甚至在将特定市场细分之后的更为狭小的领域，比如茅台的领地是白酒，农夫山泉的领地是矿泉水，可口可乐的领地是碳酸饮料。

因此，想要让品牌之路走得顺畅，第一步要做的就是重新划分领地、定义用户。这时候就要提到红海与蓝海的概念。

从品牌竞争角度出发，知名品牌或优势品牌的最佳战略选择是红海竞争定位，充分利用自身原有优势，在自己最有发言权的细分领域里，稳住老用户、抢夺新用户。

对于在红海竞争中并无太大胜算的中小企业来说，似乎参与蓝海竞争，去开发一些竞争并不激烈的新领域、新市场、新用户更有前途，一些企业的相关成功案例给予很多中小企业领导者以鼓舞。但机遇与风险并存，如果在市场定位不准、用户调研不足的情况下贸然发动蓝海战略，最终结果很可能是好不容易开创出的一点点成果、抢占的一点点先机，被强大的竞争对手跟进、超越，自己仅仅是充当了别人的“炮灰”与“研发中心”，深陷红海竞争之中。所以，企业重新划分领地、定义用户时，不管是选择在红海挣扎还是在蓝海遨游，都必须慎重。

（2）品类创新，只做唯一。

“品牌”一词的英文是“brand”，这个词还有“烙印”的意思。如何让自己的品牌在消费者的脑海中留下一个深刻的烙印呢？企业必须先拥有爆发性的成长力量——创新。在品牌同质化竞争愈演愈烈的大环境下，与其“争第一”，不如做“唯一”，“争第一”靠的是积淀，这正是中小企业缺少的，其历史不够悠久、产品不够优秀、抗风险能力也不够强，“争第一”的行为无异于以卵击石。

不过，商界流行这么一句俗话——“大企业玩整合，小企业玩突破。”只要拥有了激活品类的创新方法与手段，实现“人无我有、人有我优”，那么企业的规模、品牌的位置都不再是限制条件。继而，通过连锁开店、建立产品壁垒、创建产品标准来打造品类唯一，在消费者心中刻下不能被取代或难以被取代的品牌烙印，就可以将竞争品牌与跟进者排除在外。

（3）重新命名品牌，设计VI（视觉识别系统）。

品牌是商标、名称、包装、价格、历史、声誉、符号、广告风格的总和。品牌名称是决定品牌战略能否获得成功的关键因素之一。在重新定义品牌时，企业也需要对品牌名称与产品名称重新审视。首要原则是，品牌名称应该简单、精练，便于用户记忆。

企业名称与产品名称存在紧密关系。可以用企业名称来为产品统一命名，可以分别命名，也可以采用总分的命名方式，体现出企业为母、产品为子的联系。如果品牌下属的产品种类繁多，还需要对每个产品进行个性化命名，让消费者一听就知道这款产品具有何种功能、可以满足何种需求。

产品名称确定之后，还有一件重要的事情，那就是设计产品名称的VI形象，以对消费者进行视觉冲击，这是花“小钱”就能解决的大问题。举个例子，当所有的汽车修理厂的招牌都是蓝底白字的时候，如果你的招牌是蓝底黄字，这种与众不同的视觉刺激会让消费者产生“到底有什么不一样，我得进去看看”的念头；另外如果修理货车的招牌是蓝底白字，修理轿车的招牌也是蓝底白字，如何让消费者准确找到你呢？必须要在形象上鲜明区别。

接着就是实体店的内部形象设计与产品展示。线上销售注重宣传，线下销售注重体验。如果实体店给消费者带来的体验不足、不好，那么你的产品再优秀，也可能达不到吸引消费者的目的。只有让实体店的内部形象设计与产品展示显得与众不同，消费者才愿意进来看看，最后哪怕多花了一些钱买你的产品，消费者也会觉得物有所值。

（4）重新设计产品造型，以差异化取胜。

按照产业组织理论，除了完全竞争市场（产品同质）和寡头垄断市场（产品单一）以外，产品差异化的成功程度影响着企业对市场的控制程度。同样功能、同样价格的产品，别人的产品做工粗糙，你的产品做工精细，而且造型有美感、有特色，这就是富有竞争力的差异化表现。产品造型与同类竞品拉开距离，这是产品设计的极致追求。

（5）重新定义产品功能。

品牌是一种符号，以消费者对产品的认知、体验和沟通为基础，所以消费者需要的并不是符号本身，而是与符号密切相关的产品和体验。

经典案例

江小白的独特品牌功能

最近十分流行的小瓶酒江小白便是重新定义产品功能的极好证明。江小白是专注运营小瓶酒定位的小切口公司，产品特色是瓶身上的话。用江小白自己的话来解释这种产品功能，就是千千万万个消费者想了很多有意思的表达情感、在喝酒消费场景中想讲的话，我们做一些筛选把它产品化，它就变成了每一个消费者自己的表达。这样一来，消费者身处喝酒消费场景中、有强烈情感需要表达时，就会自然而然地想到江小白这个品牌。

由此可见，越来越多的消费者对生活场景化消费产生了浓厚兴趣，他们购买产品并不是完全为了享用产品的实用功能，而是希望产品能同时附带更多的“不实用”价值，尤其希望产品能与自身产生共鸣，体现出“我是哪一种人，所以我才喜欢哪一类品牌”的联系。如果一个产品能够在功能性上帮助消费者放大快乐、体现自身价值，那么它就能从同类产品中脱颖而出。

（6）重新定义商业架构，形成商业生态闭环。

在单一产品格局之下，品牌的营销传播活动是简单而明确的，当产品种类增多以后，新问题层出不穷：沿用原有品牌还是采用新品牌？如何协调原有品牌与新品牌之间的关系？如何协调企业总品牌与各产品品牌的关系……

这就涉及品牌的商业架构。一个真正的品牌公司的操作模式是：商品策略部门在品牌策略的支持下去整合企业的产品、人事、广告、公关，以及其他与品牌相关的内容，由此形成一个完整、紧密的商业架构，再以一个整体组织的身份去构造与旗下部门、战略联盟、传播者之间的关系，最终形成一个商业生态闭环，将所有可能利用品牌为企业资产增值的利润点都充分挖掘出来。

4. 品牌定位的12种方法，助你事半功倍

什么是品牌定位？即在市场定位和产品定位的基础上，让某个品牌在市场中占据一个适当的位置，在消费者心中占据一个特殊的位置，当消费者产生某种需要时，会立刻想到这个品牌。

现今中小企业的品牌定位表现出“不科学、不系统”的现状。具体表现为：品牌定位缺少核心价值，针对性不强，切入点偏离消费者实际需求；品牌定位差异性弱化，缺乏个性；品牌定位受限于企业规模，区域性明显；品牌定位缺乏专业策划与整体规划，执行程序不够规范。

下面12种常用的品牌定位方法可供借鉴。

（1）抢先定位法。

兵贵神速，抢占先机就是抢占资源和用户。如何在品牌定位上抢占先机？首先要选择一个市场空白的地区，第一时间划分出自己的领地，然后迅速从产品包装、厂区环境、管理细节、品牌宣传、引流方式等方面体现出品牌特色，以此扩大企业在该区域内的知名度、美誉度，将品牌形象深深植入当地消费者的心中。

（2）首席定位法。

首席定位法，即追求成为行业或某一领域“第一”的市场定位。“第一”的头衔可以让品牌产生聚焦作用、光环作用、磁场作用和核裂变作用。规模巨大、实力雄厚的企业才有能力使用这个定位方法。

对大多数中小企业而言，“第一”可以侧重于开发品牌某些方面（细分市场）的竞争优势。比如，尽管无法去竞争“香皂”品类里的第一，但是可以定位成为“中草药抑制螨虫香皂”的第一；尽管无法去竞争“笔芯”品类里的第一，但是可以定位成为“多彩可擦笔笔芯”的第一。

（3）对比定位法。

麦当劳与肯德基是极好的对比定位。同种类型的，还有可口可乐和百事可乐、康师傅方便面与统一方便面、王老吉凉茶和加多宝凉茶。

对比定位法是通过市场调查，在产品线、管理、包装、营销等方面进行对比，来确定并凸显自己的一种定位方法。这是企业在市场竞争中，在同一个消费群体中，利用品牌的对比，来改变消费者的心智，以此来进行品牌突破的一个方法。

（4）功能定位法。

以汽车修理厂为例，是以快修作为功能，是以精修作为功能，还是以全面修作为功能？让消费者知道哪个地方是你的强项，这就是明确的功能定位。

（5）品质定位法。

顾名思义，品质定位法是在定位之时将产品的品质放在第一位，给消费者留下的第一印象也是“品质上乘，经久耐用”，消费者会自然而然地将某个品牌与“绝对靠得住”挂钩。

（6）质量价格定位法。

企业用质量进行定位的时候，要不就是高品质高价格，要不就是低品质平价，不上不下的价格最好别定。

比如，森马服饰走的就是全方位高性价比的品牌路线，其产品质量所决定的价格与追求时尚的青年人群的消费能力是相匹配的，所以在目标消费者群体中享有了知名度和市场占有率。

（7）档次（客户群体）定位法。

档次定位法，也就是客户群体定位法。猎聘网是针对谁的？它针对的客户群体是高端白领与高端管理者。哪些产品能做，哪些产品不做，往往就是客户定位决定的。企业需要考虑的问题是：品牌的精准客户是谁？他们的社会地位如何？他们的消费能力（小、中、大）如何？

比如，将面粉厂定位在大众化档次，与之对应的便是大众化的管理和品牌营造，将面粉厂定位在高档次，与之对应的便是高档次的管理和产品研发生产。

以LV（路易威登）为例，它的品牌从设计、到场景、到做工、到产品研发都是以高级群体定位的。

（8）情感与情调定位法。

情感定位，即激发共鸣，强化认同感。

某素食馆突出素食的特色元素，通过企业理念、广告语言、实际行动、场景布置、现场服务等手段，将“素食成就你的健康，带给你不一样的生活”的情感传递给消费者。

为店铺起名“少年儿童游泳体验中心”是合情合理的，但是从品牌定位的角度，它过于平淡、刻板了。既然用户群体是少年儿童，那么就应该照顾到少年儿童的情感需要，他们需要什么？需要玩耍、需要快乐。所以把店铺名字改成“水上乐园”更能引发情感共鸣。同时把“乐”定位在商业模式中，将“水上游乐”作为主营业务，开展建设项目、缔造品牌的工作。

情调定位，即用生活情调定位品牌。餐饮行业使用情调定位的品牌非常多，比如曼妙午后咖啡定位在小资情调。

（9）概念定位法。

品牌定位还可以从概念角度入手。中国知名球鞋品牌回力，意指回弹的力气，想要通过名字告诉消费者，穿上回力的球鞋打球的时候就会跳得很高。这样言简意赅、直白描述的品牌定位，也是很有宣传效果的。

（10）自我表现（企业理念）定位法。

企业理念代表企业想要通过自我表现传递给消费者的是什么。比如，对产品本身来说，企业更重视品质优异，还是功能齐全？对给予消费者的体验来说，企业想要体现出的是人文关怀，是独一无二，还是享受奢华？

（11）文化定位法。

文化定位法在中国十分普遍，绝大多数的中华老字号品牌都是取胜于文化定位法。比如，山东的一些品牌突出孔孟之乡元素，西安的一些品牌突出兵马俑元素，北京的同仁堂药铺、稻香村糕点、全聚德烤鸭、内联升布鞋，天津的狗不理包子、耳朵眼炸糕、十八街麻花，它们都是有着悠久历史痕迹的产品，承载着一代又一代人的消费记忆。

（12）历史与地名定位法。

历史定位法，突出创建品牌的时间，旨在体现深厚的制造经验和基础，比如，国窖1573。地名定位法，更适用于当地特产丰富且闻名遐迩的企业的产品，尤其是土特产，比如茅台镇的茅台酒、玉溪市的玉溪烟、东阿县的阿胶口服液。

5. 一个深入人心的品牌故事

张雷点醒

三流的商家卖产品，二流的商家卖服务，一流的商家卖文化。常规的产品大多是枯燥无味的。做产品、做品牌，一定要学会讲产品故事，这样品牌推广出去的时候才能师出有名，也才能在品类繁多的同类产品中脱颖而出。

人类大脑天生具有几个特性：容易理解线性、简单的逻辑关系；容易记忆图像化的东西；容易在情景中激发出情感。故事是人类古老有效的沟通方式，是文化的一个组成部分，也是温度和情感的天然载体。当产品有了故事后，会给消费者传递什么？传递与消费者之间的情感、温度、热度和黏度。

编故事有“套路”，一个好故事不是一蹴而就的，千万不能信口开河，需要基于事实，经过精心包装和设计，展示产品背后的丰富内涵、浓厚情感和核心价值观。这样一来，用户才能像理解故事一样理解产品。而且，并不是所有事件都能作为产品故事，精彩、跌宕起伏的故事才能吸引人。一个结构完整的好故事主要包括以下七个环节：开场、事件、上升、危机、高潮、回落、结局。

下面我们主要讲解一下常用的概念故事、起源故事与使用故事。

（1）概念故事。

人的理性和感性都很重要，故事是以一种感性的结构组织方式传递理性的信息，两者兼备。概念故事体现了用户和产品的共同愿景，通过故事传递出的信息是“我的产品就是为了解决你的具体问题而生的”，为用户创造更大的价值，解决用户的痛点，这样能够帮助产品吸引更多的精准用户。

概念故事通常要包含以下几种内容：用户面临的需求和难题，用户对产品的预期（想要解决什么、改善什么），产品能提供什么帮助（满足何种需求、达到何种效果），选择你而舍弃其他品牌的原因。

（2）起源故事。

想要让起源故事打动人，需要让故事有冲突、有解决、有细节刻画，需要发掘传奇性、激发情感共鸣、强化归属感。

比如，国窖1573以时间为元素编写品牌故事，苹果以创始人乔布斯的人物传奇编写品牌故事。人物故事在起源故事中占有很大比重，张飞牛肉、武大郎烧饼、老干妈、湾仔码头水饺，都是以人物作为产品故事。

（3）使用故事。

使用故事在产品故事中更具说服力，它往往是由用户操作步骤组成的，可以让其他消费者很有代入感、参与感。修理厂可以给消费者讲这些故事来夯实品牌的吸引力。

第一个故事：某天，有一辆车出了车祸，被撞得面目全非，送入我的修理厂，通过能工巧匠精心维修，三天之后，这辆被其他修理厂认为没有维修价值的车已经焕然一新。

第二个故事：某天，修理厂来了一辆全球限量的车，需要维修部件，以便两天后参加一个重要车展。很多难题就此出现：零件没有现货库存、喷漆色号稀缺、时间紧迫……修理厂是如何应对的？有多少修理专家出马？怎么解决零件与喷漆问题？类似各种难题与解决方法可以根据实际情况自己说，说得越多，越能证明修理厂攻坚能力强、团队优秀，越能说明这个修理厂在专业领域非常出色。

此外，品牌故事大体还有以下几种：知名产地故事、地方风情故事、原料神话故事、技术配方故事、挑战强者故事、企业声望故事、行业地位故事、市场战绩故事。比如，脑白金通过传递友情、亲情打造一个故事，“今年过节不收礼，收礼只收脑白金”，这样简单易懂的广告词的背后故事是对父母的关爱，爱让故事升华。

有了好故事后，企业需要把故事传播开。故事的传播和继承方式有新闻访谈、内部刊物、企业培训。比如，在接受新闻访谈时，用看似轻描淡写的讲述（实则是有针对性、有方向、有目标的宣传）把故事传递出去。不过，传播故事必须要通过恰当手段，选择合适时机，不能操之过急，也不能轮番轰炸，否则受众会产生审美疲劳，出现反感抵触情绪，这反而不利于品牌推广。

6. 品牌的左膀右臂：象征产品、符号产品

除了讲述一个深入人心的品牌故事，象征产品和符号产品也能帮助品牌快速提升知名度、强化品牌在消费者心中的丰满形象。

（1）象征产品。

象征产品，顾名思义，就是要像体现人格一样地把品牌特性体现出来的产品，比如尊重、领先、专业、品质、功能。当我们看到苹果手机时，在我们的印象中它象征着手机智能化，手机当中的“战斗机”；从汽车来看，宝马象征着驾驶的舒适感，沃尔沃象征着安全。反推之，当我们想到智能手机时，许多人首先

想到的就会是苹果手机；当我们想到驾驶舒适感和安全的车型时，许多人首先想到的是宝马和沃尔沃。

（2）符号产品。

符号产品是什么？是消费者看到某种与产品截然不同的事物时，却能联想到该产品、品牌，符号产品旨在帮助消费者实现快速记忆。特别是当品牌下属产品种类繁多的时候，企业要尽量用核心产品作为符号产品。符号产品是托起整个品牌的支撑点。

符号产品的符号主要体现在历史、典故、器物、生物、时间、方位等方面。其实符号产品的根源，就是起名字和运用这些元素。比如，我们看到中国结，就能自然而然地想到中国。中国结就是中国的标志性符号之一。孔子、青花瓷、兵马俑、熊猫、乒乓球……这些都是能与中国联系起来的符号。

天猫的标识是猫，京东的标识是狗，苏宁的标识是狮子，这些都是运用动物形象来使品牌得以符号化的典型，许多人看到这些动物或者动物的卡通形象时，就会想到天猫、京东、苏宁。

符号产品所揭示的并不是一种简单的叠加关系，而是一种复杂关系。两者之间合中有分，分中有合，难分难解，这就是符号产品的独特性。

张雷点醒

在选择符号来代表产品、品牌时，一定要注意两点：一是要有关联性，不能牵强附会，为了让符号更深入人心，可以辅助以故事；二是一定要与时俱进，要使用当代人很容易理解、认同、喜爱的符号。

7. 品牌传播，营销先行

为了成功打造出特定品牌，企业在传播品牌的过程中，必须通过公关营销活动，发出信息—直接沟通—获得反馈—调整品牌信息，由此形成企业与市场沟通的良性循环。品牌营销战略的制定要根据企业的目标、能力和不断变化的市场营销机会综合考虑，重在通过公共关系传达出品牌的核心内涵。这样，品牌才能够在同质化竞争中纵横驰骋、长盛不衰。

提到营销，我们第一时间想到的就是做广告。成功的广告应该实现三个目标：一是销量的增长，二是品牌形象的提升，三是品牌资产的积累。简言之，既要眼前利益，更要长远利益。品牌营销的目的，也是如此。

成功的营销，必须具备以下四个思维层级（见图5-1）。

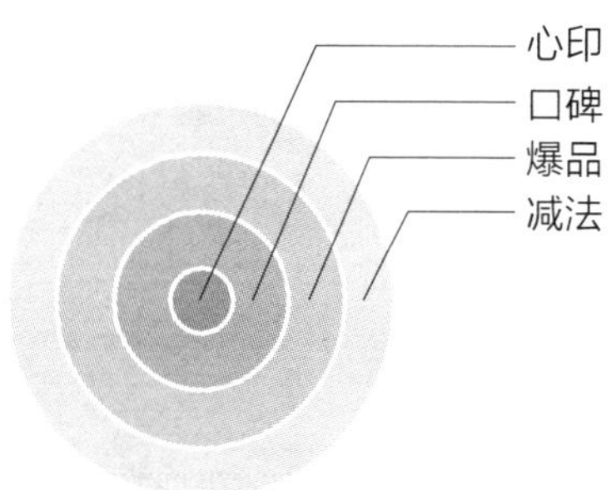

图5-1 营销的四个思维层级

（1）做减法：品牌营销的核心是差异竞争。

乔布斯表示：聚焦的意思不是对必须重视的事情说“是”，而是对现有的另外100个不重视的事情说“不”。

张雷点醒

面对日趋白热化的市场竞争以及众多同质化的产品，如何让消费者对企业和产品产生较高的认同感，“弱水三千，只取一瓢饮”？如何将品牌认知转化为购买行为？关键点就在于“差异化竞争营销”。

很多企业在品牌营销的过程中走入误区，迷信知名企业的品牌营销模式，奉行拿来主义，盲目照搬照抄，“1+1+1+1+1式”排队，形成强势跟风，以致忘记了自己需要主动调整发展方向、发挥优势资源，无法保持差异化的显著结果就是“泯然众人矣”。

因此，在品牌营销方式的选择上，要懂得做减法，摒弃那些大众的、普遍的、烂大街的营销手段，创新营销推广模式，逐步试验，摸索出适合自己的营销模式。比如，把OPPO（欧珀）手机带到了中国手机销量榜上仅次于苹果手机的第二位的广告词是“充电5分钟，通话2小时”，强调突出了手机充电快、电池容量大的特点，而没有全面地宣传其他优点，比如超大屏、大内存、高效处理器等。这个减法做得很成功。

（2）做爆品：做减法的核心是回归自我。

大道至简，给项目做减法，就要集中精力专注于精准的方向和目标去执行，不断提高自己的核心竞争力。品牌营销的战线太长，会导致产品得不到精心打造。好比挖井一样，如果东挖一铲子、西挖一铲子，要挖到什么时候才能挖出地底深处的水来？

在小的行业，做到极致，你就是行业老大。因此，必须学会集中主要精力打造爆品、推广核心产品，只做一个单品，做到这个品类的市场老大。爆品思维是互联网时代必备的产品思维。小米的CEO雷军表示：在互联网效率的时代，爆品就意味着流量，就意味着口碑，就意味着销售额，就意味着效率。

经典案例

苹果手机的产品聚焦策略

早期，苹果的每个产品都有多个版本，每个版本又分为不同编号，产品线很长，营销工作也很繁重。

1997年，乔布斯重新回归苹果后，做的第一件事就是聚焦做爆品，大刀阔斧地砍掉了70%的产品。这些被砍掉的产品要么难以迎合用户需求、用户体验不佳；要么技术落后、难以适应未来发展；要么推广营销受阻、拖了整体品牌营销工作的后腿。

可见，打造爆品是通过“在1米宽的地方做出1公里深的产品”的方式来解决产品流量问题，并不是多生产、多销售、多做广告就能实现的，企业要投入大量人力物力，从用户需求、技术服务、商务运营这三个角度入手。

（3）做口碑：做爆品的核心是广泛扎根。

这是一个“信息过剩”的时代，同样是一个“注意力稀缺”的时代。无处不在的商业广告“轰炸”早已令消费者习以为常，甚至可以视而不见、听而不闻，但是当他们听到亲朋好友的强烈推荐时，或许会对某个产品有所注意，产生“我也买一个试试”的好奇。这就是口碑效应的结果。

互联网时代的产品，大都可以依靠用户的社交口碑效应来引发链式反应。通常，只需要几个星期，强大的口碑效应就能令产品引爆市场、产生强大的品牌影响力。比如，一家新开业的饭店，饭菜口味非常棒，但是“酒香也怕巷子深”，客流量并不大，如何解决这个问题？饭店可以请美食家、美食博主、美食主播前来试吃，诚邀他们在自媒体平台上向大家推荐，再通过“粉丝”的转发、评论、点赞，这样一传十、十传百，饭店的知名度和美誉度就同时提升了。

那么，如何让普通消费者自觉自愿地进行宣传呢？前提是满足他们的需求：一是产品的使用与实用需求，二是享受售前售后完善服务的需求，三是购买行为带来的其他附加值的需求。只有满足了这些需求，企业才能提升满意度，消费者满意了，才会愿意对你的产品、品牌大加赞誉，做你的“代言人”。

（4）做心印：做口碑的核心是精神传承。

心印，意指心灵印象，是一种品牌认知的潜意识，与人体的各种感觉知觉息息相关。它包括视觉心印、听觉心印、嗅觉心印、味觉心印、触觉心印、意觉心印。

视觉心印的典型代表就是品牌标识，比如，红十字国际委员会（原名“伤兵救护国际委员会”）的标志“红十字”、苹果的标志“被咬了一口的苹果”。产品标志性造型也是视觉心印的一种，比如可口可乐的红色包装外观、百事可乐的蓝色包装外观。

意觉心印，实际上就是通过品牌文化、品牌故事、语言心理暗示等，直接带给消费者一种自我认知的特殊感觉。

阅读思考

（1）做一个市场调研，看看你的企业品牌在当地的知名度如何。

（2）你的产品采用了何种品牌定位方法？

（3）为你的企业品牌设计一个完整的品牌故事。

06

第六章

密码5：产品价格体系——售卖产品的利益点，价格永远是价值的体现

※ 调节经济的有效手段便是市场手段，而产品价格是市场的信号灯，更是企业产品策略关键中的关键。客户和企业之间存在一道分水岭——价格，企业提供产品、客户选择产品，双方只有在价格上达成一致意见，才能在这条分水岭上“握手言和”。也许你的产品很普通，甚至没什么特色和卖点，在市场竞争中无法凭借品牌效应和品质优势来取胜，但如果在科学的价格体系中正确定位价格，至少可以做到持续销售、稳赚不赔。

1. 确定价格的核心关键——价值

有的产品明明卖得很火爆，最终却没有赚到钱，企业白忙活一场，甚至发展举步维艰，原因何在？往往就在于产品价格没有制定好。

在正式解读产品价格之前，我们先思考以下三个问题：

★ 该怎么定？

★ 该定多少钱，客户才会乐于接受？

★ 该赚多少钱，才算合理？

给产品定价，并非像数学那样简单，不能简单使用“1+1=2”的思维来理解。

价格往往不是一个简单的定数，区域、时节、客户、成本不同，最终的产品价格也会不同。在确定价格战略要素的时候，企业需要重点考虑的是产品的价值，还是产品的市场规模？产品价格受世界原油价格的影响，还是根据客户需求的变化而变化？

张雷点醒

影响产品价格的主要因素一定是价值，它是确定价格的核心关键。换言之，价格基础是价值的最大化。如果一个产品没有价值，即使它的成本很高，也没有任何市场价值，更别提企业利用它来盈利了。当一个产品无法给客户提供其所期望的价值时，只有降低产品价格才能促进销售。这就是价值的重要性。产品定价的关键是找出产品的价值点，也就是让你的产品有本事来支撑起你定的价格。

（1）如何让企业价值最大化？

第一，提升行业地位。

你是企业所属行业的老大还是某个细分领域的老大？你是行业领先者，还是行业跟风者？市场份额的大小、技术的领先性、商业模式的先进性，都影响着企业的行业地位。

第二，加强运营管理。

在同样激烈的市场竞争下，有的企业一直赚钱，赚得盆满钵满；有的企业却一直在赔钱，在破产边缘。为什么会出现这种大相径庭的生存状态呢？是运营管理的大相径庭所导致的。运营管理指对运营过程计划、组织、实施和控制，是与产品生产和服务创造密切相关的各项管理工作的总称。

第三，优化治理结构。

比如，一家传统企业，产品本身赚钱并不多，持续经营了很多年，直到有一天老板退休了，这个企业即将发生翻天覆地的变化。为什么这么说？因为要换老板了。前任老板是一个在行业中具有影响力和地位的人，这个企业的产品的市场份额中规中矩，口碑也不错，企业的生产规模和生产经营都较为完备成熟。这时候独具慧眼的资本投资商就会认为目前的产品和公司具有长效投资价值，于是收购下来，规范了运作，稳定了团队，强化了后端价值，走向了资本市场，放大了企业治理结构的价值，最后赚到的钱也比前任老板多。

（2）如何让客户价值最大化？

产品经理不要站在自己的角度来思考产品价值的问题，要站在客户的角度来思考，找到客户价值，以此作为参考。

首先，提升产品本身的价值。

提升产品本身的价值包括提高产品的功能、质量，缩短供货期等。

其次，提升品牌的价值。

这也是客户价值的一部分。客户付钱买的不仅仅是产品本身的价值，还有其他方面的价值。这部分的内容，在第五章已经讲过了。

最后，提升客户关系的价值。

处理好客户关系是非常重要的，可以从以下几个方面入手：一是单纯交易关系，保证客户在购买产品、享受服务时的好感度；二是通信联系，比如电话回访，与客户进行持续接触；三是为客户提供特殊的接触机会，比如产品代言人（明星）见面会、各种企业公益活动；四是因双方利益而形成某种买卖合同或联盟关系，比如老客户推荐新客户购买产品，老客户可以获得不同形式的提成、再次购物时的优惠折扣等。

2. 产品价值带来的价格差异

我们提供不同价值的产品一定要在价格上有所显现，优质的服务、普通的服务、较差的服务，价格是不同的。

图6-1是价值定位图。人们在分析市场客户定价的时候，或者在做产品价值分析的时候，通常会用到这张图。它有两条轴线，把一个市场分成了四个象限。水平的轴线代表了产品差异，比如与竞争对手相比，我们提供的产品和服务有什么样的差异，是差异大还是差异小？垂直的轴线上代表了客户需求，客户的需求价值是高价值还是低价值？

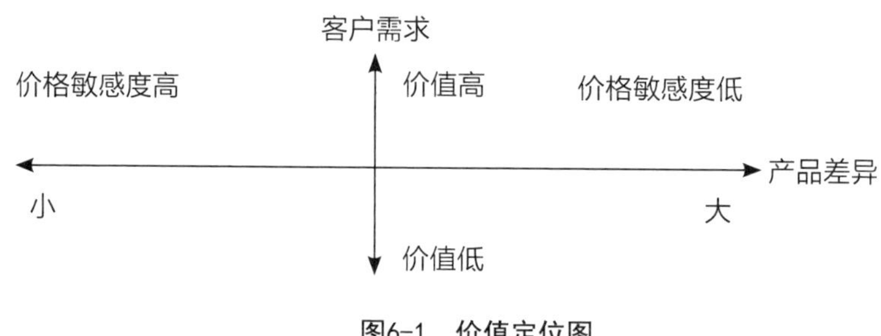

图6-1 价值定位图

通常我们不主张为客户提供价值低或者没有价值的产品，因此下面的两个区域不做讨论。我们的重点研究应该是客户需求高的产品。如果产品差异比较大，你提供的产品别人家没有，或者你提供的服务别人做不到，客户的需求又特别高，那么客户对这个价格的敏感度就会比较低，产品价格就需要定得高一些。

反之，如果产品差异比较小，你有的别人也有，客户对你的产品价格就会特别敏感，当其他商家为某个产品定价1万元的时候，你想把同样的产品定价为1.1万元，客户就会觉得“同样的东西，你为什么比别人卖得贵？我为什么要花冤枉钱？”这就是价格敏感度高的表现。这时候定价更要慎重，要恰到好处，稍微低一点，不能过高。

以餐饮行业为例，某个饭店想要提高利润，打算将菜单整体涨价10%，但又担心涨价后会流失一部分顾客，该怎么办呢？此时要考虑的就是不同的菜品具有的不同价值，备受好评的招牌菜、独门秘制的私房菜、每个饭店都能做出来的家常菜，它们的涨价幅度绝对不能一样。

招牌菜很重要，很多新老顾客都是冲着招牌菜来的，但是顾客对招牌菜的认知敏感性很高，他在你的店里吃了两年的招牌菜，都是68元一份，突然今天就变成了78元一份，心理上多多少少都会抵触。因此，招牌菜的涨价幅度最好小一点，循序渐进地涨上去，不能突然间大涨。原来卖68元一份的招牌菜，完全可以涨成69元一份，半年后再涨几元。招牌菜的销售量巨大，因此不要小看这1元的涨幅所能带来的收益提升。

私房菜本身的价格就偏高，顾客群体也比较固定，他们就喜欢这个配料、这个口味，在别的地方吃不到，所以给私房菜涨价的时候，可以大刀阔斧一点，但不能漫天要价，要考量特定顾客群体的消费能力。

当其招牌菜和私房菜都涨价的时候，家常菜也要涨价吗？最好的应对是，适当降价。因为这些菜几乎每个饭店的菜单上都有、每个厨师都会做、吃起来味道也大同小异，市场价是多少，顾客早就心里有数。整条街上的饭店售卖的宫保鸡丁都是28元一份，突然有一天你家的宫保鸡丁涨价了，变成了32元一份，顾客可能会继续选择招牌菜，而放弃了涨价后的家常菜。

还有一种情况，那就是用低价的招牌菜来促进价格相对较高、处在价值低迷区的其他菜品的销量。我们在调整整体价格的时候，要根据实际情况进行优化组合，这是一个选择战术的过程。

如果竞争对手和我们产品提供的价值与服务基本一样，那么就要考虑价格定位了。比如苹果与小米的竞争，用户的定位不同、提供的产品不同，设定的产品价格也就不同，在竞争的时候，各有侧重，都保障了自己的利润。

3. 在产品价格的“成本”上精打细算

在我们的常规认知中，“高品质=高成本=高价格”“低品质=低成本=低价格”。

其实，成本包括很多内容。一个产品的定价基础是厂家的生产成本（可计算的、可衡量的），通路（渠道）的销售成本（涉及不同利益的分配问题，具有可调整性），客户的价值成本（客户在心理上和实际消费能力上能接受的最高价与最低价）。三者相互配合，组成了价格结构。

经济学家柯德勒认为：企业通常不要制定一种单一的价格，而要建立一种价格结构。价格结构，又称价格体系，体现了同类产品之间的价格关系（商品差价体系）、不同产品之间的价格关系（商品比价体系）、按经济管理原则形成的价格形式体系。

因此，我们在考虑定价的时候，不仅要想到厂家的生产成本，还要顾及渠道的销售成本，要特别注意通路价格，也就是渠道价格。

有的行业是渠道很赚钱，渠道为王，卖产品的时候自己有定价权，控制了上游，甚至也控制了下游。有的行业则是渠道被压缩，尤其随着互联网经济发展、厂家直购模式发展，渠道利润往往很难赚。如何在生产成本和销售成本之间找到平衡点，追求各自利益的最大化，都是人们不得不深思熟虑、精打细算的事情。在这里要考虑如何进行资源分配，保持形式灵活，与时俱进，协调好厂家与代理商的利润、总代理商与一般代理商的利润、线上代理商与线下代理商的利润。

4. 产品价格也有自己的生命周期

一个产品进入市场之后，可以划分为这几个时期。

（1）导入期。

产品研发出后，投入生产，接触市场，被消费者认识、接纳，获得市场和用户的反馈。

这个时期，定价可以高一些。因为我们的产品是崭新的，别人都没有，在竞争方面不需要考虑太多，而且产品最终的市场反响也尚无定论，倒不如先卖个高价，这样以后也有降价的空间。如果一开始就设定为低价，以后再想涨价，可能遇到的阻碍因素会多一些。

（2）成长期。

根据反馈，企业不断完善研发、调整产品功能，产品得到市场认可、用户喜爱，拥有一定的市场占有率，进入成长期。

这个时期，产品价格与用户的消费需求、消费能力的磨合往往是一波三折的，可能会涨一点，也可能会跌一点，但通常不会大起大落。

（3）成熟期。

产品有着稳定的用户群、不断增加的新用户、良好的口碑，继续保持非常好的状态，这个时期我们称为成熟期。

这个时期，产品价格与用户的消费需求、消费能力已经基本磨合完毕，双方处于和谐状态，供求平衡，定价稳定，销售额也稳定。

（4）衰退期。

一个产品就像一个人一样，它也会慢慢地老去，最终退出市场。

这个时期，产品已经不再适应市场需求，继续用原先的价格出售，用户并不会买账，这意味着销售额可能会大幅度下滑，在退出市场的必然结局之前，降价促销、保本定价、清空库存，是最佳对策。

产品价格周期运转过程，同时是产品价格管理制度施行过程。在进行价格管理之时，要注意以下三点：一是落实产品策略，维持品牌定位；二是避免价格冲突，客户预期、竞争差异、企业财务目标要匹配，要兼顾，维持竞争力，确保利润；三是反应市场行情，价格与产品的生命周期要相关联。

5. 定标找准方向，定位找准差异

给产品定价的流程如下：从目标出发，进行市场调研，确定需求大小，统计产品成本，进行市场分析，最后选定定价方案。

价格是营销的一把双刃剑，使用恰当就可以披荆斩棘，使用不当就有可能伤到自己。定价步骤看似简单，实际上企业在制定具体价格之前，还有两个要点必须遵守，否则就算按部就班地施行了，也未必能制定出容易被市场和用户接受的价格。

（1）定标。

定价首先要确定我们的定价目标。定价目标的出发点到底在哪里？有以下三点。

第一，追求产品利润最大化。

当产品很稀缺，卖完就必须停产的时候，企业便要追求产品的利润最大化，要设定较高价格。比如，出售一栋周边环境很好、交通又便利的别墅，它数量非常稀少，又是高端产品，因此我们卖的不仅仅是房子本身，不能仅仅靠房子成本来估价，还要考虑周边的其他因素，综合考虑这些通常都会定出很高的价格。

第二，市场占有率。

如果我们的目标是要成为行业的龙头老大，那么就不要介意赔本赚吆喝，就算产品免费赠送都可以，赚吆喝就等于赚人气，将用户聚拢在自己的周围，剩下的事情就好办了。当产品的市场占有率上去以后，你的企业成为行业老大，拥有了控制权和话语权，定价的目标也就随之改变，产品价格就有提升的空间了。

第三，竞争取胜。

比如，你率先向市场投放了一个快消产品，低质低价，只卖1元，市场需求量大，销售额稳中有升，但是好日子不能光让你一个人过，竞争对手闻风而动，马上跟风生产，为了抢占客户，其会设定一个稍低的价格，比如0.99元、0.96元。为了在竞争中取胜，抢回客户，我们的定价也得往下落。

（2）定位。

通过价值定位，我们了解到，需要根据用户的不同需求、产品的豪华程度来决定到底为客户提供何种品质的产品。

在汽车市场，从限量版、奢华版、豪华版，到实用版、经济版，各种品牌的车，有各种不同的档次定位。提到劳斯莱斯，我们就能想到高档高价。如果消费群体定位是高收入的人群，那么就要生产高档车，要定高价，这样才能体现出高端定位。也就是说，如果哪天劳斯莱斯出了一款平价车型，只卖十万元，那么曾经花几百万元买劳斯莱斯的客户会怎么想？他当初选择劳斯莱斯是因为产品价值与自身地位相符、可以体现出自身的价值、品位，现在劳斯莱斯出了低端车，自降身价，是不是同时让那些高端用户感到“跌份”了呢？

以服装行业为例，有奢侈品的服装，有轻奢的服装，还有平价的服装；有商务装，有休闲装，还有运动装。当产品定位在某个层次上的时候，一定要制定出符合这个产品层次的价格。比如利郎是做商务男装的，商务人士大部分都是中层人士，有了这个定位，产品定价就不能太高或太低，太高，不符合中层人士的消费能力，太低，顾客穿着会觉得没有面子，一件衣服卖几百到一两千元，是比较精准的商务男装价格定位。

6. 几种常用的定价方法

（1）成本加成定价法。

这种方法很简单，即“产品成本（固定成本+可变成本）+合理利润额=产品价格”。

成本加成定价法的基本步骤如下：首先确定产品的生产量和预计销售量；然后计算出产品的单位成本（生产工时、材料费用、机械折旧、税金等）和利润目标；最后参考市场价格，确定产品的价格。通常，企业要算出盈亏平衡点，充分了解定价多少可以赚钱，定价多少会赔钱，在实际销售过程中，如果买方的报价低于成本价格，交易便不成立。

计算公式如下：

$$P=c\times(1+r)$$

其中，P——商品的单价，

c——商品的单位总成本，

r——商品的加成率。

这种定价方法的优点是计算简便易行，资料容易取得，有利于保持价格稳定，可以减少或避免价格竞争，并在正常情况下能获得一定的利润。缺点是其忽视了产品需求弹性的变化，缺乏灵活性和竞争能力，不能适应迅速变化的市场要求。

（2）目标利润定价法。

目标利润定价法，又称目标收益定价法、目标回报定价法。就是做这一单生意或者一项工程或者一项活动，打算赚多少钱。有了这个既定目标，再把成本算一算，加上打算赚的钱。

计算公式如下：

单位商品价格=总成本×（1+目标利润率）/预计销量

目标利润=（单位变动成本+单位固定成本）×预计销售量×成本利润率

成本加成定价法与目标利润定价法的差别在于成本加成定价法公式中的成本只是制造成本，不包括期间费用；而目标利润定价法公式中的成本包括制造成本和期间费用。因此，它们的成本利润率是不同的。

（3）需求导向定价法。

需求导向定价法，指的是根据市场需求状况和消费者对产品的感觉差异来确定价格。

需求导向定价法包括三种情况。

第一，认知导向定价法。

根据消费者对企业提供的产品价值的主观评判来制定价格。比如艺术品、商业咨询的定价就属于这种情况。麦肯锡在中国的定位很准确，只给大企业提供咨询服务，起步价没有低于500万元的，用价格屏蔽掉一些小企业，它使用的就是认知导向定价法。更广泛的应用情况是，当消费者受攀比和从众心理影响时，大幅增加的商品需求量意味着提价的机会到了。认知导向定价法是电视广告定价所依据的主要原理之一。

第二，逆向定价法。

根据消费者能够接受的最终销售价格，考虑中间商的成本及正常利润后，逆向推算出中间商的批发价和生产企业的出厂价格。

计算公式如下：

出厂价格=市场可零售价格×（1–批零差率）×（1–进销差率）

第三，习惯定价法。

根据市场长期以来形成的习惯价格、随行就市地加以定价。可以在不敏感的地方涨涨价，在敏感的地方降降价。需要注意的是，许多公司现在已经认识到定价应当反映市场状况，所以开始将定价权从财务经理手中转移到销售经理或产品经理手中，但从实践上看，这种行为最终会妨碍公司长期获利。

（4）竞争定价法。

竞争定价法的核心是定价只是用以实现销售目标的手段，属于“战略性的定价”。但如果企业错误地使用了竞争定价法，为了完成市场份额目标而牺牲价格的获利性，颠倒了市场份额与利润之间的主次关系，就得不偿失了。

需要注意的是，只有当产品价格与其竞争产品价格相比，得出不再与其价值相符的结果时，降价才是合理而有效的策略。

竞争定价法包括两种情况。

第一，竞拍—涨价。

在拍卖会上，一件商品的价格是越拍越高的，起步价1万元，大家每举一次就会相应涨价。

第二，投标—降价。

许多大宗商品、原材料、成套设备和建筑工程项目的买卖都是用招标、投标的方式确定最终承包价格。如果有一个处于相对垄断地位的招标方，多个处于相互竞争地位的投标方，承包价格的走向是一降再降。

比如，参与某个项目的招标工作时，总公司给出的项目资金是1200万元，A公司的报价是1000万元，B公司通过小道消息知道以后，修改自己的报价到800万元，结果C公司也从其他渠道听到消息，将自己的报价调整到700万元（很有可能是不赚钱的成本价），大家越报越低，最后甲方招标人会选择谁，不言而喻。虽然有招标投标法，但是吃亏的往往都是乙方投标人。

（5）撇脂定价法。

什么叫撇脂定价法？即某个产品刚一出来的时候，别人都没有，我卖出很高的价格，等我赚了钱以后，别人跟随上来了，客户开始审美疲劳，我的价格就可以往下落，我可以快速把产品处理掉。这种定价法广泛体现在服装行业，比如，卖服装的企业进货十件，前面两三件基本上就要卖出好价钱，要把成本赚回来，中间的三四件稍微低价一点，不赔本就行，到最后清仓甩卖，给钱就卖，不能让它压库到明年。

苹果也是采取撇脂定价法的高手。苹果的新品为什么能够一上市就卖出高价呢？它靠的是品牌效应以及“粉丝”需求。随着新机型上市，老机型迅速降价，这种定价策略也是科技产品市场的特点决定的。因此，创新型企业的产品尤其适合撇脂定价法。

（6）渗透定价法。

渗透定价法，形象解释就是我们先用一些价格低廉的产品把客户引进来，然后一点一点地给客户推送品质更好一些、价格更高一些的产品。小米就是最好的例子，小米刚出来的时候，走的是低价路线，品牌打响了、销售量上去了，就开始生产一些价格稍高的产品，不断地提升产品的品类、品质和价格。今天，小米推出一款性价比很高的手机给用户，用户用着很满意，对小米的品牌信任度很高；明天，小米又推出一款性价比很高的笔记本电脑，用户觉得小米值得信赖，买了；后天，小米又推出一款性价比很高的智能电视，用户又买了。简而言之，小米是把多种产品卖给同一类客户。渗透定价法的核心是要圈住客户，圈住会员，锁定一批“粉丝”，重点搞活“粉丝经济”。

（7）小数点定价法。

在定价的时候，数字很重要，尤其是小数点之后的那两位数字，那点看似微不足道的零头。

最开始，中国产品的定价风格都是整数的，1元、10元、100元，凑整是方便卖家和买家的好事情。但是当国外的电视广告出现之后，我们开始不理解，为什么会有5.99元、10.99元这样的定价，慢慢地我们掌握这种定价方法的奥妙所在，现在超市里、网店上，很多商品的定价都是差一点点就凑整的。原因何在？虽然2.99元和3元的价格差不多，但给人的感觉是不一样的，看似是商家少赚1分钱、顾客省下了1分钱，实际上是商家在并没有亏本的情况下，用舍弃了1分钱利润的行为换取了顾客购买商品的机会，提高了销售额。

在这里提到数字，还应有所避讳。比如，有两款结婚戒指，第一款的标价是10 599元，第二款的标价是10 544元，你会选择哪一个？第一个。为什么？许多人觉得数字99是吉利的，数字44是不吉利的，虽然只差几十元，但是意义完全相反。

（8）特价品定价法。

特价品定价法，就是对产品的基本价格（最初售价）作出一定让步，直接或间接降低价格，目的是让客户感觉在价格上占到便宜，争取客户，扩大销量。直接折扣的形式有数量折扣、现金折扣、功能折扣、季节折扣，间接折扣的形式有回扣和津贴。

在使用特价品定价法时，有一个小窍门，那就是先“升”再“降”，这一种策略在电子商务上尤其常见，临近“双十一”“双十二”活动之前，商家会修改商品原价，到了“双十一”“双十二”期间，再打出低价折扣。比如平常售价为120元的唇膏，在促销活动之前修改售价为300元，促销活动时的秒杀价是100元，这样一来，看到唇膏从300元降价到100元的客户觉得商家优惠力度很大，自己占了便宜，赶紧抢购，这时候他们的积极性和满意度都会高于看到唇膏从120元降价为100元时的情况。

张雷点醒

定好价格的最高境界就是价格定到让客户乐意接受的最高价格。在定价过程中，企业要注意避开两个致命陷阱：定价过低（消费者存有“便宜没好货”的固有意识）；自杀式降价（大幅度降价，不惜一切亏本进行恶性竞争）。

低价或降价确实能够让客户乐意接受，但没有保障“最高价格”，因此丢失了本可以赚到的利润。而且，薄利未必能够多销。假设一瓶纯净水的市场普遍定价是1.5元，你的成本价是0.3元，为了薄利多销，最终定价为0.5元，投入市场之后，会带来高销量吗？那可不一定，因为从消费者的角度，他们可能会继续购买1.5元的水，而不去买0.5元的水，他们会想“别的品牌都是1.5元一瓶，你为什么只卖0.5元？你的水是不是好水？是真正的纯净水，还是拿自来水滥竽充数？你的瓶子是不是用废旧塑料做成的？这样的水能喝吗？”可见，往往越定低价，越是无人问津，甚至还会遭到恶意质疑。所以说企业在定价的时候，要换位思考，考量到人们的心理认知。

总之，降价永远是最后的武器，应对降价时要沉着冷静，先观察客户反应与其他竞争者的态度，再作出科学稳妥的价格决策。

阅读思考

（1）根据价值定位图，为产品做价值分析，明确其与竞争产品的价差。

（2）依据产品的定价基础，初步计算出某个产品的价格区间。

（3）运用文中介绍的几种定价方法，按照价格周期规律为某个产品的定价作出综合且弹性的考量。

07

第七章

密码6：产品创新体系——从灵光乍现到新产品

※ 这是一个用户体验的时代，更是一个“产品创新驱动”的时代。未来已来，企业与企业之间比拼的关键将是产品创新。对于企业来讲，谁能持续创新出符合顾客需求，并拥有高品质的产品，谁就可以赢得市场先机。

1. 不创新，就是慢性自杀

对于任何一种产品来讲，创新就是竞争力，没有创新，也就没有价值的提升。

“善改者动于九天之上”，从竞争的角度来讲，高端的竞争，是以产品创新为手段，进行高维度自我进化，创出一个全新的品类，甩开竞争者，进入一个全新的领地。

肯德基、麦当劳、必胜客等快餐每季都会推出新品，这就是它们一直存在的关键。而乔布斯创新了智能手机打败了诺基亚，但其当初的目的肯定不是打败诺基亚，智能手机是乔布斯对客户的隐性需求进行挖掘的必然结果。他站在了科技与人文的交界处，站在对手机的重新理解角度，才创新出来一个手机产品。而那些长期不创新的产品，势必会被大众逐渐淡忘。

任何企业都应该依靠产品创新驱动企业成长，因为产品创新不仅能够为客户创造全新价值，符合客户利益，还能够避免行业陷入零和博弈的竞争苦海，符合行业的利益，最终将会推动社会持续发展与进步。

张雷点醒

企业常青的秘诀之一就是产品常新。尤其当一款产品遇到销售困境的时候，企业一定要转换思路、追求创新，要洞察客户深层次的需求，对产品进行内容上的重新定义，要创造更优的价值，只有这样，才能为产品拓展市场空间，提升其竞争力。

2. 换道超车与创造第二增长曲线

（1）中小企业的产品创新：实现换道超车。

在艰难的生存环境中，中小企业该如何突破资源有限的瓶颈、突破竞争的困扰杀出重围，获得生存和发展的资质呢？答案就是创新！创新出“差异化、有价值”的新品，以“中部崛起”带动“两端抬高”实现价值链高端攀升，从而进行换道超车，才能在大环境中占一席之地。

阿里巴巴、百度和腾讯，今日头条、滴滴打车、美团，它们都是依靠差异化的新产品而崛起的，也都是依赖产品的创新从“草根”迈向价值链的中高端。

（2）大企业的产品创新：创造第二增长曲线。

俗话说“富不过三代”，如果不努力，再大的家业也有消耗殆尽的一天。正如再大的企业也要在时代的浪潮中经受拍打和磨损，面对市场变化，如果反应不及时，就会逐渐失去往日的雄风。诺基亚遭遇了智能机，柯达遭遇了数码相机……这些曾经的行业巨头如今风光不再，有些退居二线市场，销量急转直下，有些甚至倒闭消失。

酷6网创始人李善友表示：无论你随意跟踪多少家企业，每过10.5年就会死掉一半。规模越大，时间越久，增长速度越慢，无论多大规模的企业，最终一定会死亡，这是企业的宿命。

如何避免自己的企业过早地死亡呢？在保证核心产品线正常运转的基础上，积极创新、创造第二增长曲线，是一条非常适合大企业的出路。

创新可以分为两种，一种是连续性创新，另一种是非连续性创新。对企业而言，绝大多数的利润都受益于常规的连续性创新。但由于企业的极限点不可避免，这就需要另一种创新：非连续性创新。

要知道，不管将多少辆马车连续相加，也不能得到一辆汽车。从马车到汽车是革命性的非连续性变化。因此，非连续性创新并不是在一条曲线里渐进性地改良，而是从第一条曲线转换为第二条曲线。第二条曲线并不是第一条曲线的延伸，而是以全新的基础原理作为根基，研发全新的技术、全新的产品。

3. “检核表法”打开创新思维的大门

著名教育学家陶行知说过：“发明千千万，起点是一问。”爱因斯坦曾经表示：提出一个问题往往比解决一个问题更为重要，因为解决问题也许仅是一个数学上或实验上的技能而已，但是提出新的问题需要有创造性的想象力，更有意义的是它标志着科学的真正进步。由此可知，善于提问、敢想能够使人们扩大探索的领域，这本身就是一种创造。创新精神的基本要求之一便是有问题意识。

美国创造学家奥斯本率先提出了“检核表法”。“检核表法”是一种创造技法，人们根据需要解决的问题或需要创造发明的对象，列出有关的问题，以便一条一条地思考问题。通过这种方式，人们可以系统地、周密地审视问题，使思维更具条理性，能够较深入地发掘问题和有针对性地提出更多的可行设想。作为一种强制性思考过程，使用“检核表法”有利于突破不愿提问的心理障碍，因此它又被称为“创造技法之母”。

张雷点醒

一种新产品、新工艺、新材料的发明创造，能够体现出科学技术的重大进步，这种进步也可以表现在科学技术成果的推广应用上，新的应用方法越多，新产品的生命力就越强。

我们想要扩大某个产品的用途与市场，就必须善于利用“检核表法”进行下述九个方面的思考。

（1）针对现状，提出问题——“还有其他用途吗？”

★ 现有的发明、材料、方法等，有没有新的用途？

★ 是否有新的使用方法？

★ 是否可以改变现有的使用方法？

（2）观察别人是怎么想的。

★ 外界有没有相似的想法、经验或发明，有没有值得借鉴之处？

★ 通过互相对比，是否可以产生新的观念？

★ 过去有没有出现过类似问题？

★ 现在是否有可供模仿的东西？

★ 现有的发明是不是可以引入其他创造性设想？

（3）试着做出一点点微小改变。

★ 是否可以改变颜色？

★ 是否可以改变形状？

★ 是否可以改变声音？

★ 是否可以改变气味？

★ 是否可以改变功能？

★ 是否还有其他改变的可能性？

（4）“变大、再变大，还能变得更大吗？”

★ 是否可以增加些什么？

★ 是否可以提高使用时间？

★ 是否可以增加频率?

★ 是否可以增加强度?

★ 是否可以增大尺寸?

★ 是否可以增加新成分?

★ 是否可以提高性能?

★ 是否可以加倍、扩大若干倍?

★ 是否可以放大?

★ 是否可以夸大?

(5)“变小、再变小，还能变得更小吗?”

★ 是否可以减少些什么?

★ 是否可以密集?

★ 是否可以聚合?

★ 是否可以压缩?

★ 是否可以浓缩?

★ 是否可以微型化?

★ 是否可以缩短?

★ 是否可以分割?

★ 是否可以变窄?

★ 是否可以减轻?

★ 是否可以删除?

★ 是否可以变成流线型?

(6)寻找更好的替代品。

★ 是否能够被代替?

★ 用什么代替?

★ 是否有其他排列？

★ 是否有其他过程？

★ 是否有其他成分？

★ 是否有其他材料？

★ 是否有其他能源？

★ 是否有其他颜色？

★ 是否有其他声音？

★ 是否有其他照明？

（7）调整顺序与移动位置。

★ 是否可以变换？

★ 是否有可以互换的成分？

★ 是否可以变换模式？

★ 是否可以变换布置顺序？

★ 是否可以变换日程？

★ 是否可以变换操作工序？

★ 是否可以变换因果关系？

★ 是否可以变换速度或频率？

★ 是否可以变换工作规范？

（8）朝着反方向出发。

★ 是否可以颠倒正负极？

★ 是否可以颠倒正反方向？

★ 是否可以颠倒头尾/上下？

★ 是否可以颠倒里外？

★ 是否可以颠倒作用？

（9）强强联手。

★ 是否可以重新组合？

★ 是否可以混合？

★ 是否可以合成？

★ 是否可以协调？

★ 是否可以配套？

★ 是否可以组合（目的、特性、观念）？

4. 把握住更新换代的储备与时机

从产品生命周期的角度来讲，任何一种产品早晚都会面临淘汰，所以说，产品更新换代是客观规律。企业了解和掌握这个规律，并根据对自身资源条件和能力的评估，对市场风险的判断和对创新产品投资报酬率水平的预测，适时进行产品的更新换代，在竞争中就能掌握主动权，反之就会给企业造成损失。

搞好产品更新换代主要应抓好两方面的工作。

（1）充分做好产品更新换代的技术储备。

对于一家企业来讲，由于新产品开发直接关系到企业的生存与发展，因此新产品在老产品进入衰退期之前就应试制成功，并且企业要做好试生产的准备工作。这样企业才能保证老产品进入衰退期前，完成新产品试生产的任务。这就是产品更新换代的技术储备。

（2）掌握好产品更新换代时机。

企业要合理选择新产品更新换代的时机，要保证老产品在进入衰退期时不会出现滞销积压的现象，保证老产品不会因为新产品的竞争造成很大的损失。

5. 不同产品要采取不同的创新策略

产品创新的过程，是创意迸发、碰撞的过程，也是战略和战术相结合的过程。针对不同的产品，企业要量体裁衣地采取不同的创新策略，最大限度地提高创新工作的有效性。

我们将市场与技术进行划分后，可以得到产品创新的四象限。如表7-1所示。

表7-1 产品创新的四象限

	主流市场	新兴市场
成熟的产品与技术	第一象限 大企业的主战场，通常会采用微创新的手段来巩固已经用成熟产品、成熟技术占据的领先位置	第二象限 把成熟产品、成熟技术应用到新兴市场，获得新的发展机会。比如欧美市场的谷歌，中国市场的后起之秀百度
新兴的产品与技术	第三象限 小企业用差异化的新产品，找到适合自己的发展机会，避免与主流市场的大企业交锋，避免以卵击石	第四象限 大企业看不起、顾不上的新兴市场是小企业的福地，利用新产品、新技术做出的颠覆式创新可以让小企业在夹缝中茁壮成长

我们可以根据产品特性将其划分为差异型产品、技术型产品、复合型产品，如表7-2所示。

表7-2 不同特性的产品

产品类型	创新方向
差异型产品	提高产品性能 降低生产成本 突出企业特色

续表

产品类型	创新方向
技术型产品	保持现有技术优势微调 应用新技术解决旧问题
复合型产品	加强用户和开发者的联系 从性能、特色、服务等方面开展创新 合作开发是必经之路

（1）差异型产品的创新策略。

由于其特性——技术与市场的创新程度都无法提高，因此差异型产品的创新重点是在细分目标市场中突出其与同类产品的差异，以提高产品性能、降低生产成本和突出企业特色为创新方向，全面满足用户的多种需求。可以从现有产品、服务、产业链条寻找缺陷、不足和错误，这些地方都是差异化创新的突破口，对其加以改进、完善和提高，就是一个非常有前景的新项目。

（2）技术型产品的创新策略。

技术型产品的创新策略的应用基础是对技术的积累。为了有效提高市场占有率，技术型产品的创新往往会从提高产品的技术含量入手。

一方面通过技术创新来实现和保持现有优势，在“与别人比较突出，与自己比较最强”中，选择具有市场价值的突破。比如，从针对产品或零部件的创新，转向针对装置的创新，从而降低开发成本、缩短开发周期。

另一方面应用新技术、新原理来解决现有产品（或相对成熟市场）中存在的固有问题，技术是成熟的，功能是用户接受的，消费群体是稳定的，只要适当改进，就能在继承的基础上实现创新。

此外，企业要开展对特定客户与专家的调查，由此确定新产品的规范和技术策略。

（3）复合型产品的创新策略。

复合型产品指的是多行业多功能交织在一起、整合了多种使用价值、满足了用户多种需求的产品。复合型产品是科技、工业和市场发展到一定水平的必然产物，具有行业交织的跳跃性，比如药物牙膏属于制药和日用化工两个行业；还具有功能交织的新颖性，集中不同行业、不同产品的功能于一身。

张雷点醒

经济生活是一个系统，每个系统都是一个长长的链，每个链又由多个环连接组成，每个环都不能独立动作，它们必然存在联系。只要思路足够广、突破传统桎梏的勇气足够多，那些看上去不相干的物质与功能就可以合而为一。

复合型产品的创新策略要求企业在市场与技术两个方面同时进行创新。我们要做的是努力发现资源与资源之间的别人尚未发现的联系，并且在新的联系中开发新的功能；把各自独立的利益关系联系在一起，由此产生新的利润点；把自己可借助的各种优势集中在一点，实现市场与技术在特定方面的突破。

通常来说，复合型产品的购买过程较长，这意味着失败带来的损失也会较大，所以企业需要以消费者为中心，做好市场调查和趋势预测，在开发中加强用户和开发者的联系，避免出现最终难以被市场和用户接受的事倍功半的无效创新。

复合型产品大多属于独树一帜的非竞争性产品，在一定时间内具有市场垄断性，所以企业要从性能、特色、服务等方面开展创新，不需要过多考虑价格问题。

复合型产品跨行业的特性也决定了它的创新过程不能依靠企业内部单打独斗，必须要借助不同部门或行业合作，合作开发是复合型产品创新的必经之路。

6. 产品创新的系统流程

一般来说，产品的创新过程包括想法的出现与讨论、产品的设计与制作、成果的展示和检验。更加系统化的产品创新过程可以细分为以下内容。

（1）为创新产品细分目标市场。

很多时候，一些产品大批量生产出来之后企业才发现它们的重大“瑕疵”——不被消费者接受，在市场上无人问津，或是技术落后，一出场就被淘汰。导致这种情况的根本原因就是企业没有做好市场研究分析工作，无法根据市场的现有容量和实际需求来定位新产品。

市场经济潮起潮落，多少人在注视“潮”的涌起，寻找“潮”的信息。企业要么发现一个空白，要么看到一种趋势，要么弄清其中的某种联系。只有做好了以下三个步骤——市场现状分析、市场机会评估、目标市场细分，才能发现我们等待已久、翘首以盼的“商机”，才能将特定的产品投放到正确的市场。

另外，我们可以在市场中寻找隐蔽的资源（比如自然、历史、风俗等），加以改进、提升、完善，转换成有市场价值的东西——新项目。

（2）对创新产品的用户（目标消费群体）研究。

产品是用来满足用户需求的物体或无形的载体，因此产品创新的基础必须建立在发现用户需求（痛点）并重视这些需求的真实性和普遍性之上。以网易云音乐为例，它的使用用户可能是音乐发烧友，它的目标用户则可能是白领阶层。为了更好地设计产品与服务，它必须有针对性地从不同渠道去收集白领阶层（目标用户）的习惯与需求，将这些需求进行筛选，确定出需求的优先级。而且，不同用户可能有不同目标，一个用户也可能有多个目标，这都需要企业在用户研究的过程中加以明确识别。

具体来说，用户研究可以分为以下几个步骤：初探人类行为学、现场调研用户、数据分析与综合、确定用户与核心需求。

俗话说得好，“不入虎穴，焉得虎子”。大到一个行业，小到一个产品，细到一项技术，只有深入进去，才能由初步了解到通透理解，再到发现关键。为什么有的人能频频萌生新创意、发现新项目，有的人却停在原地打转？正如西班牙谚语所言：一个心不在焉的人，就是走过森林也看不到一棵树。

因此，想要获得创新的灵感，离不开贴近事物本身的敏锐观察。传统市场调研、专家观点、统计数据并不能真正地贴近产品、贴近用户，想要获得最有价值的信息，必须从产品的直接使用者入手，倾听他们的感受和建议，这样量体裁衣地设计开发出来的产品才会富有根植于土壤的生命力。

（3）对创新项目进行可行性评估。

“当局者迷，旁观者清。”产品创新计划完成之后，企业还需要组织其他有关人员对这个创新计划进行可行性评估，再针对评估中提出的问题和建议，对产品创新计划进行修正和完善。

通常企业会针对以下几个方面展开充分讨论：市场机会的现实性，资源条件的可支持性，与企业目标的一致性，与政府政策的协调性，企业内部组织的可接受性，计划的可操作性。

值得一提的是，在新产品的开发过程中，任何企业都会碰到诸多问题与疑惑，这就需要企业与企业之间合作开发。其根本目的就是通过优势组合，提高创新项目的可行性，加快其推进速度，保障新产品顺利上市。

合作的方面主要有以下几种。

★ 科研合作：这是最根本的合作，通常指多家企业共同进行新产品的研究、设计、试制等工作。

★ 生产合作：主要指新产品投入生产时的合作。

★ 原材料合作：指某一企业的无用资源（边、角、废料等）可以作另一企业的原材料来源的合作。

★ 销售渠道合作：指借助对方的销售渠道，以扩大销售范围的合作。

（4）确定创新项目的风险识别与应急计划。

任何项目都存在风险，包括尚在策划中的、已经进行中的，尤其是创新项目更是机遇与风险同时存在，就算企业做了充分的市场分析和用户研究，也不能保证新项目一定会收到预期效果。因此针对创新项目可能会出现的风险，加以分析预测，并确定应急措施，是极有必要的。

通常可以使用多种方法来进行风险识别与测定，以下三种方法是比较常用的。

第一，假设条件分析法。

★ 在创新项目的计划和决策过程中，对各种条件和成果进行假设。

★ 将创新项目的实时情况与计划中假设情况进行对照，识别和找出创新项目的风险。

第二，风险核检清单法。

★ 利用类似创新项目的风险管理经验，设计一份风险核检清单。

★ 在创新项目实施过程中的各个时点，对照、核检、识别出相应的风险情况。

第三，项目流程图法。

★ 绘制创新项目的工作流程图，厘清创新项目各工作流程之间的相互关系。

★ 针对整个项目的工作流程步骤和内容，分析和识别各种风险。

产品创新受到市场外部和企业内部多种因素的影响，往往不可能是一帆风顺的，各种不利情况和突发事件时有发生，比如市场受大环境影响突然衰退、竞争对手利用专利控制市场、企业出现财务危机、地区保护导致难以打通营销渠道、与合作伙伴出现矛盾、关键技术人员离职等。针对这些风险和意外而制订的应急计划可以有效降低企业可能受到的损失。

（5）以用户为中心进行产品设计。

具体的产品设计主要有以下几个关键步骤：构思绘制草图、使用情景故事、明确产品特性、制作原型机、进行产品性能测试。

在进行产品设计时，企业应当兼顾标准化和多样化，提高生产经济性，满足更多用户需要，主要做法有以下几种。

第一，新产品规格系列化。

企业遵循既能满足用户的多样化要求，又能使产品生产和使用的总费用降到最低的基本准则，通过调查、分析、计算和评价，在对产品规格数量和档次加以划分后做出合理取舍的基础上，进行新产品规格系列化整理。

第二，新品质分档化。

所谓产品分档，就是对新产品的品质参数分档、规定不同标准，从而划分出高中低档。对新产品进行分档，既可满足用户的不同要求，降低使用费用，又可提高生产的经济性，降低生产成本。

第三，同心型多样化。

所谓同心型多样化是指企业以一种主要产品为圆心，利用其在技术上的优势和特点，生产工艺或零部件相近的产品。这样可以保证产品多样化，满足社会的不同需要。

第四，水平型多样化。

水平型多样化是指企业根据市场需要和用户对本企业的偏爱动机，组织生产各种不同产品。

7. 打造团队创新文化，永葆创新活力

我们经常会看到这种情况：虽然某个企业在过去一直发展得四平八稳，但市场风云突变之后，它无法及时适应市场，更没有采取创新的产品策略，结果走下坡路，在市场竞争的大浪淘沙中成为令人惋惜的“当年勇”。出现这种情况的原因有很多，其中一个就是团队的创新能力下降，而团队创新能力的下降又与团队创新文化的缺失有很大关系。

张雷点醒

创新意味着一种竞争力，它伴随团队发展始终，当一个团队失去创新力的时候，往往意味着企业也失去了发展的活力。

我们可以向世界上极具创新能力的公司——IDEO，学习一下它是如何让创新文化落地生根、开花结果的。

经典案例

IDEO公司的创意文化氛围

以人为本的空间感——办公室设置

IDEO的办公场所富有特色，同时满足了公开性和私密性：在集体讨论、交流、探讨时，会有充足的公共空间；在员工需要独立思考时，会有相对私密的个人空间。而且IDEO不会根据职位高低来分配办公空间，允许

工作室空间拥有各自特色。值得一提的是，IDEO的工作室里都有一个“魔术盒”，用以存放员工们在日常工作和生活中收集的各种富有趣味性的东西，比如新式材料、奇特装置等，这些“魔术盒”是设计师们的灵感来源之一。

有效率的集思广益——头脑风暴

IDEO文化中的创意发动机便是会议时的集体讨论，也就是头脑风暴。关于头脑风暴，IDEO也有自己的独到之处。

时刻围绕主题。在IDEO的工作会议中，领导者一开始就明确提出有针对性、精练过的主题，并且要求团队成员们在讨论过程中不能偏题跑题，以便在此前提下进行创意与创意之间的往复碰撞。在头脑风暴的过程中，团队成员们不能光凭嘴说，还要使用白板、即时贴等工具，将创意记录下来，以便大家都能了解讨论进展到哪一步了，这非常有利于将讨论重点准确地放在关键问题上。

好点子多多益善。在头脑风暴时，人们始终保持一种开放和包容的态度，努力追求创意的数量，鼓励参与者积极发言、畅所欲言，共同分析和识别创新项目存在的各种风险，不会在某个想法被提出来之后就展开争辩或否定。而且企业允许员工将自己的想法建立在他人的想法基础上，发展、扩充、改良别人的创意。

主持人在头脑风暴中的作用不容忽视，当讨论势头出现偏离或思路停顿时，主持人就会出现，提出具有好的“建设性”与“跳跃性”的问题，引导大家的思维朝着目标持续前进。

具象化、形象化、直观化——制作模型或展示使用情景

如果只是依靠书面报告这种描述性文字，哪怕附加再多的图片，对于客户来说，创意依然还是抽象的、不容易理解的，如何将一个好点子具象化、形象化、直观化？极好的方法就是制作实物模型，或者根据产品使用情景制作出仿真的情景剧，向客户展示怎样使用产品或服务。这种“沟通”模式便于客户检验产品，由此产生直接的、有效的反馈，设计师可以参考其意见进行产品的改进工作。

通过案例，我们可以明确，作为一种干扰性的变量，氛围能够全面影响团队的工作效能与企业的发展。一个富有创造力的组织氛围，会让员工充满工作热情和前进动力。

如何打造出能够充分激发每个团队成员的创造力的组织氛围呢？以下几点可以提供帮助。

（1）清晰认同的目标或愿景。

创新的过程，也是从无到有的过程，对于一项新的事物是否具有实现的价值、意义，很多时候人们都会产生分歧意见，这严重阻碍了创意的实现。如果团队成员都能够对产品规划具有清晰的目标或愿景，并且可以达成一致认同，那么在新创意的诞生过程中就会减少很多摩擦，成员不会轻易对新事物进行打击。

（2）信任和支持是相互的。

信任是人与人之间和谐交流的基础之一。如果团队成员之间没有足够的信任，每个人都缺乏安全感，在想要向大家展示自己的创意时，持有疑虑（他们会不会说，“你能行吗？你的想法靠谱吗？”）和担忧（他们会不会盗取我的创意占为己有？），害怕其他人无法为自己提供职业上的支持，反而会带来阻力，那么创意很可能就会被扼杀在萌芽之中。

那些创意支持度高的组织氛围里，团队成员彼此聆听，不同的意见和观点都能得到包容，就算是天马行空的想法，也不会被无情打压和嘲笑，这有利于新创意在组织中被支持、被采纳、被拥护。

（3）自由支配的行动。

工作中的自由，可以理解为企业给予团队成员一定程度的自治，展示他们行为上的独立性，成员不用被组织规则手册的条条框框束缚住手脚。同时，企业应该给予他们一定的机会与资源，使其开发、验证创意的自主行动获得足够支持。3M公司就有这样一个“15%时间计划”，它的员工可以利用公司资源，使用15%的工作时间去尝试探索他们的创意想法。

但是这些可以自由支配的行动必须要在有效控制之下，公司并不能赋予每个团队成员同等的“自由”，敬业心强、自控力高的员工才能适用，而那些本身就不能集中注意力在本职工作上的员工，不应该获得过多自由，这种自由往往会带来更多的懒散、拖延。

（4）专属于创意的讨论时间。

除去日常工作之外，团队成员的工作时间不能被安排得太满，必须留出一定的弹性时间用以创意想法的讨论交流、测试检验。若是他们的工作时间里被塞满了纷繁复杂琐碎的工作事务，那么他们如何在广阔的思维空间里去轻松思考工作以外的事情呢?

（5）可以承担失败的风险。

创新是一个摸索的过程，成功不是必然的，失败也不是必然的，如果我们只是渴望成功，却不能承受失败的话，很多创新都会半途而废。想要让团队成员敢于提出异想天开的想法、敢于挑战以往的行为方式，就应该让他们对自己充满信心，免除他们的后顾之忧——“如果我的创意在实施过程中失败了，我也不会遭到嘲笑和批评，这不会影响我的晋升和薪酬。”

阅读思考

（1）学习几个小企业换道超车的经典案例，看看是否可以效仿。

（2）使用“检核表法”，找到现有产品可以改进创新的地方。

（3）在打造团队创新文化上，你还有哪些有价值可操作的想法？

中小企业产品锻造密码

08

第八章

密码7：产品经理管理

——具有影响力、领导力和跨部门沟通能力

※ 一般情况下，产品经理在企业多个部门内履行自己的职责，充当领导的角色，他们负责确定产品战略，规划产品蓝图，带领产品开发部、技术部、销售部等各个项目团队，组织跨团队的产品活动等。上到战略、策略的制定，下到具体很小的事情，产品经理都要参与过问，甚至还要亲自去做。因此，产品经理必须是一个具有影响力、领导力和跨部门沟通能力的人。

1. 鼓动者、指挥者、协调员和领头人——产品经理

前面我们已经讲过产品策略、产品价值、产品规划、产品品牌、产品价格、产品创新。所有这一切，最终都必须要由人去做。有了人，企业才被称为企业。“企”这个字，上面是个“人”字，下面是个“止”字，如果把“人”字去掉了，那就只剩下“止”字了，意味着企业停止了、没有了。

在进行产品营销的过程当中，企业会碰到很多问题。我们把这些问题归类以后会发现，大部分的问题其实都和产品管理、产品生产、产品销售有关系。那么这些问题应该由谁来负责解决呢？答案是产品经理。

关于产品经理的定义，相关专家进行过一个概括性的、比较全面的阐述。

产品经理（Product Manager），又称品牌经理（Brand Manager），是企业的守门员、品牌的塑造者，更是营销骨干。产品经理制度既是一套完善的营销运作制度，更代表博大精深的营销操作。产品从创意到上市，所有相关的研发、调研、预算、生产、广告、促销活动等，都由产品经理掌控。产品经理通常被赋予管理及营销特定的产品线、品牌或服务（包括既有产品及新开发产品）的责任。

经典案例

模世能的产品经理

我们以模世能公司为例，说一下产品经理到底扮演着什么角色。

模世能公司是一家教育咨询公司，教育咨询就是公司的产品品类。在这个品类下，一共有四条生产线，分别是模式教育、商学院、企业咨询和

管理资本投资。

第一条产品线模式教育，主要是以教授盈利系统为主，课程有快速盈利、盈利系统等，属于入口产品，模世能的第一句话叫“以模式教育为入口”。

第二条产品线是商学院，有金、木、水、火、土五堂课。

第三条产品线是企业咨询。

第四条产品线是管理资本投资。

每条产品线都有一个负责人：第一条产品线由冯德林老师负责，第二条产品线由张奇老师负责，第三条产品线由张雷老师来负责，第四条产品线由刘宇老师负责。这四个负责人其实就是产品经理，是每条生产线的牵头人、负责人。

产品经理的工作，始终从用户需求出发，始终围绕着产品展开。

想探讨产品怎样才能更好地满足客户的需求，要先搞清楚自己的产品能够满足哪些客户的需求，不能满足哪些客户的需求，以及怎样才能满足这部分客户的需求；搞清楚设计什么样的产品可以满足和更好地满足客户的需求，要为客户提供什么样的优秀产品体验；了解掌握客户使用产品的感受，以及产品能够给客户带来的价值和收益等。

互联网公司的产品可以分为用户产品和商业产品，所以它的产品经理分为互联网用户产品经理和互联网商业产品经理。用户产品经理和商业产品经理最关心的问题是不一样的，前者关心的是互联网用户产品的用户体验如何，后者关心的则是互联网商业产品的流量变现能力。因此，这两类产品经理都在围绕各自负责的互联网产品，做策划、推广和计划，以及负责互联网产品的生命周期演化等。具体来说，互联网产品经理还可按两个维度分类：一个是按“产品形态”维度分为网站产品经理、PC（个人计算机）客户端产品经理、Server（服务器）产品经理、移动端产品经理等。另一个是按“行业领域”维度分为电商产品经理、社交产品经理、工具产品经理、O2O产品经理等。

需要注意的是，产品经理虽然针对产品的研发与营销都有很大的权力，甚至有权干预产品生命周期中各阶段的工作，但是从行政上的角度来讲，他并不像其他经理那样有可以直接调度的下属，做事时又要运用其他部门的很多资源。所以在产品管理中，产品经理的角色是鼓动者、指挥者、协调员和领头人。

大家可能都看过皮划艇运动比赛项目，它有单人双桨、双人双桨、四人双桨和六人双桨。单人双桨，一个人做主，既掌握皮划艇的方向，也要负责皮划艇的速度，皮划艇很容易就向前行进；双人双桨，必须是一个人划桨掌握方向，另一个人负责用力划桨推着皮划艇前进。皮划艇虽然没有舵手，但如果多人划一个皮划艇，比如六个人，坐在最前面那个人手里没有双桨，他坐在那里敲锣掌握节奏，其余的五个人随着他鼓点的变换，步调一致地调整着方向、用力向前划。很显然，他对这个船的前进速度和方向都起着非常重要的作用。

如果把一个产品线比作皮划艇运动比赛项目，那么在前面敲鼓喊口号指挥的人，其实就是这个产品线的产品经理。他不但要让每个“参赛者”都使足力气，还要协调所有“参赛者”，让他们心往一处想，劲往一处使。虽然他不直接生产产品，但是决定了产品的好坏、决定项目能不能取得好成绩。

张雷点醒

虽然说产品经理不一定是企业的老板，但是大部分产品型企业的老板都兼任产品经理。因此建议中小型企业的老板亲自担任产品经理。

2. 认知升级：产品经理的过去与现在

在智能互联蓬勃发展的今天，相较于企业的营销、研发、生产制造或者人力资源等其他岗位，产品经理还算是比较年轻的一个岗位。

经典案例

世界上第一名产品经理

世界上第一名产品经理出现在1927年美国的P&G（宝洁）公司。当时，宝洁公司有一款名叫“佳美”的香皂销量特别好，后来却被宝洁推出的第二款产品“象牙”香皂给追赶上了。但宝洁的初衷是想借这两个产品来扩大市场，提高自己的市场份额。怎样实现自己的初衷呢？宝洁尝试了一个新做法，把“佳美”产品线，从前端的概念，到中端的实行，再到后端的营销，全部让一个人负责，从而获得了成功。1931年，这个专门的经理人被称为产品经理。

“产品经理”这个概念首次在快消品行业获得了成功。之后，产品管理（Product Management）制度逐渐在越来越多的行业得到应用与推广，并取得了比较广泛的成功。比如1970~1990年，美国汽车产业险些被日本汽车业击垮。为了解救危机，美国汽车就导入了产品经理制度，使得美国三大汽车厂“起死回生”。产品经理制度在美国获得成功之后，逐渐发展到了亚洲的日本、韩国、中国。

以前的企业组织结构，有销售、研发、品控、运营、财务等部门，它们构成一个矩阵式的组织架构。中国以前通常都以组织性的结构称呼企业的各岗位负责人为公司经理、部门经理和项目经理，很少给产品经理定岗，作为一个职业来做。

国内真正的产品经理是美国宝洁公司带来的。宝洁公司做的是洗护类产品，进入中国以后，很快就在洗护行业占据了领导地位。宝洁公司洗护类产品旗下有飘柔、海飞丝、潘婷等很多条产品线，每条产品线都专门有一个负责人来负责运作，这个负责人就叫产品经理。虽然同属于宝洁公司，但每个产品线或者每个产品经理之间也是有竞争的。比如说潘婷和海飞丝，由于它们是同类竞品，客户在选择潘婷的时候，就有可能不再选择海飞丝了。宝洁公司发现，通过使用产品经理的管理方法，能够促进每条产品线给企业创造更多的价值。

但是在国内，产品经理这个职业起初并没有得到很好的发展，原因如下。

一是在管理上我们相对滞后，而在学习西方先进经验时又是单点突破。在1999年项目经理的概念进入国内后，大多数人都有一个错误的认知，就是认为所有的管理都属于项目管理，企业所有的事情都是由项目经理一个人来做的。

二是产品经理（Product Manager）的简写PM和项目经理（Project Manager）的简写是一样的，所以很多公司管理者就认为项目经理可以兼任产品经理，其实这是不正确的。

三是以前研究人员在研发产品时更习惯于“闭门造车”，在大学里或者研究院里研究各种各样的产品，由于与市场相脱离，这些新产品的理念较难得以实现，也很难投放到企业，并发展为产业。我们称为“象牙塔”式的产品。

张雷点醒

国内过去不缺乏新产品理念，也不缺乏新产品创造，而是缺乏对市场需求的研究。也就是说，国内过去并不缺乏技术经理，而是缺乏产品经理。

技术经理追求的是产品技术的科技性、领先性，产品是不是比别人的更好或者产品的性能是不是更优良，产品标准、技术把关、产品创新是技术经理的负责内容。产品经理不是研究产品技术本身，不一定非要用最先进的技术来构筑产品，而是研究产品怎么样能够卖出去，怎么样才能够赚到钱，怎么样去实现企业目标。产品经理要根据市场的需求、客户的需求与消费水平，以需求为导向，决定推出什么样的产品。

以我们使用的手机为例，技术经理的思维是设计一款运算速度最快、技术最先进的手机，而产品经理的思维则是研究一款让女士喜欢的手机，因为她们是很舍得为自己花钱的。很显然，这两种思维中更能给企业带来直接好处的是产品经理的思维。可惜，产品经理的这种思维以前往往都是被放在角落里的。

直到近几年，随着互联网行业的兴起和蓬勃发展，需要大量地关注市场之时，企业体会到产品经理这个角色必须要由专职的人来担任，而不能用兼任的方式，产品经理才逐渐流行起来。目前，国内已经有多家企业相继引入产品经理管理模式，针对市场客户需求，制定相应战略快速满足客户的需求，走出了以往产品研发的“象牙塔”。

3. 产品经理的职责：让产品卖得更好

一般来讲，产品经理是专职负责并保证高质量的产品按时完成和发布的管理人员，全权负责产品的最终完成。

“现代营销学之父”菲利普·科特勒对产品经理做了如下阐述：

★ 提出产品的长期经营战略和竞争战略（3~6年）；

★ 编制年度营销计划，进行销售预测（1年）；

★ 与广告代理商和经销商一起研究广告的文稿设计、节目方案和宣传活动；

★ 激励推销人员和经销商经营该产品的兴趣和对该产品的支持；

★ 不断收集有关该产品的性能、顾客及经销商对产品的看法、产品遇到的新问题及销售机会的情报；

★ 组织产品改进，以适应不断变化的市场需求。

再次整合归纳一下，产品经理的工作职责包括以下几点。

（1）倾听用户的需求。

其实，我们经常会发现有很多产品经理在设计产品时，为了节省时间和精力，需求调研成了走过场，根本没有系统了解用户需求，只是把市面上同类型产品拿过来照搬硬抄或是修改一番，最后让客户确认一下而已。这是很不专业的表现。

产品经理要认真做好市场调查，收集用户的新需求、竞争产品的资料，并进行需求分析和竞品分析，把客户最强烈的需求转化成为要卖的产品。比如，客户买手机，是想买运行快速的，还是想买喜欢的式样，还是选择价位合适的？这些都需要产品经理进行判断和分析。其中，和客户进行沟通是重中之重，这么做的目标最终只有一个，那就是把产品卖得更好，给企业创造的利润更多。

（2）负责产品功能的定义、规划和设计。

产品经理的职能已经升级到产品战略经营规划上，包括产品的经营战略，当年的年度规划，以及3~5年的发展规划。因此，产品经理需要研究产品的发展趋势和产品的发展远景，确定发展目标、产品规划、产品规格设计等。

产品经理在产品规划阶段的角色是非常重要的，甚至可以决定一家企业的兴衰。

经典案例

产品经理乔布斯

苹果公司的创始人乔布斯在创业之初，因急需用钱，便吸收其他人投资入股，而且公司股权也是由别人掌控。等公司发展到一定程度，由于乔布斯与董事会产生了理念分歧，苹果公司将乔布斯“扫地出门”，然而，在此之后苹果公司的经营状况每况愈下，濒临倒闭，所有美国人都称呼苹果公司为“烂苹果”。为解决危机，董事会经过再三考虑，决定请回乔布斯。

乔布斯回来后，从市场需求开始，提出来一个新理念，他认为手机上网一定是未来发展趋势，提出研发一款能够上网的移动手机，比正常的电脑上网更方便、更快捷。于是，他一上任便推行他的理念，裁撤掉原来很多生产线，开始研发能上网的移动手机。

这就是产品经理的思维高度与战略眼光，他们既能看到方向，又能看见未来。

产品经理还要及时在不同的节点把自己负责的产品推出来。比如说苹果手机，每隔一段时间，产品经理都会推出新款的手机：iPhone4出来了，苹果紧接着就会准备下一款。当人们都拭目以待、认为肯定会拿到iPhone5的时候，产品经理推出的却不叫iPhone5，而叫iPhone4S，这是他们在商业运作中的一种策略和智谋。

（3）与其他部门、企业相协调，保证团队顺利开展工作。

产品经理要组织协调不同团队的人员，使之相互配合、相互支持，步调一致地把产品推出来。其还要考虑采取什么样的措施、手段和政策，来调动推销人员和经销商的积极性，刺激营销团队对产品产生兴趣，开辟更多的销售渠道。比如，产品经理需要与供应商讲明如何设计广告、宣传产品。所有这些问题都应该由产品经理来考虑，他不应把责任推给技术经理和生产经理。

（4）做好产品生命周期的管理。

所谓产品生命周期，就是从产品投入，到市场销售，再到产品不断更新换代，新一代产品销售，最后到产品生命周期后端如何收尾。这一系列的环节，产品的每个阶段，产品的整个经济生命过程，都由产品经理来负责。产品经理要根据产品的销售与盈利情况，及时发现问题，及时提出新的营销策略，及时提出优化和改进产品的建议，并监督实施，特别是产品出现质量问题、不适应市场时。

表8-1有利于我们更清晰地理解产品经理在各个阶段的职责所在。

表8-1 产品经理在各个阶段的职责

阶段	职责
产品战略管理	·提供产品市场信息，辅助公司高层决策投资方向
产品开发管理	·指导和监督产品研发过程 ·组织和协调新产品试销工作，提供产品试销报告 ·负责产品的市场发布工作，对市场发布进行协调和跟踪 ·制订新产品上市计划，并组织上市推广，确保新产品快速上市 ·必要时，担任研发项目经理或市场代表
产品市场管理	·组织产品的市场调研，提取客户需求 ·根据公司策略，对产品市场进行细分，选取目标细分市场，确定产品定位 ·负责设计产品的业务计划书 ·组织确定产品路标规划，并监督实施 ·完成新产品开发的项目任务书，提交产品决策团队评审立项
产品生命周期管理	·协同财务部门监控产品的销售和盈利情况，提出新的营销策略 ·指导和监督产品推销工作，及时发现问题，提出解决方案 ·提出产品优化和改进的建议，并监督实施 ·提出产品退出的建议和方案，经批准后监控实施

4. 产品经理与项目经理的区别

产品经理曾经被很多企业项目经理兼任，二者甚至被混为一谈。虽然这是认知上的错误，但产品经理和项目经理还是有相同点的。比如，他们都具有跨部门协调和组织的职责和权力，他们都有权根据自己工作的需求，聘用或者组织合适的人员，组成一个团队，并激励成员，激发他们的工作兴趣。另外，他们在管理方法和管理工具的使用上也是大体相同的。有时产品经理也可能兼任项目经理，但是很多情况下，企业都会单独再安排一个项目经理。

那么，产品经理和项目经理究竟有什么不同呢？

（1）负责管理的内容不同。

产品经理负责管理的是产品的整个生命周期，从客户需求开始，一直到产品的规划、研发、生产与销售；从产品的研发期，直到它的衰退期。

而项目经理通常只负责某一个项目。比如说在咨询公司，很多人都来咨询不同的问题，每一个客户咨询的问题都是一个项目，公司都会派一个人专门负责制订解决问题的方案，这个具体只负责某个项目的人，就是项目经理。

（2）工作的时间周期不同。

产品经理是企业组织结构当中相对稳定的核心组织人员，只要负责的产品生命周期没有结束，工作就会一直做下去，因为产品是需要不断迭代、升级的。

而项目经理的工作则是临时性的，原则上是项目成功交付给客户后，项目就结束了。除非客户有额外的售后服务需求，否则，项目经理的工作就会告一段落。

（3）职责角色不同。

产品经理的角色是产品的主要负责人，他负责的产品针对的是某类市场、某类人群。一旦通过沟通宣传，这类人群中有人选定了他负责的产品，并与公司签订了购买合同，那么这个产品就会为这个既定的客户量身定制。

接下来就是项目经理登场，他负责组织人员，顺利完成这个既定客户的产品。可见，项目经理负责协助完成产品的研发与销售。

（4）开发产品的方式不同。

产品经理开发产品，需要经过一个非常严格的过程，他需要根据市场需求决定要做什么样的产品，再根据市场需求、公司的基本情况等做出产品可行性研究报告，然后才是设计、开发、测试等。评判产品经理做事是不是正确，就要看他负责的产品是否符合市场的需求，能否给公司带来利润。

而项目经理则是根据特定客户的需求，开发出满足客户需求且获得客户认可的产品。评判项目经理做事是否正确、是否完美，就要看他能不能在规定的时间内，在不超出成本和资源预算的前提下完成目标，并向客户交出一份完美的答卷。

5. 产品经理应该具备的素质与能力

产品是一家企业利润最大化的载体，是连接企业与客户的桥梁，这个桥梁的好与不好，会直接决定一家企业效益的好坏。因此，对企业来说，产品经理是一个非常重要的岗位，产品经理也是关键的人物，对企业的发展起着重要的作用。

早期，产品经理行业处于混乱状态时，很多外行人通过简单修饰就可以进入行业，这一定程度上造成了产品经理能力参差不齐。产品经理并不是到街上随便抓一个人就可以的，他必须具备一定的素质和能力。

（1）知识充足与逻辑清晰，这是最坚实的基础。

与产品相关的各个部门、各个环节的业务，产品经理并不一定精通，但必须得懂，这样才能知道如何去管理。

首先，产品经理要熟悉自己负责的产品，包括产品的重要品类元素和市场需求，产品的开发流程等。技术能力是一种必备的技能，它有助于产品经理更好地理解产品的性能和特点。

其次，产品经理要了解自己负责的产品开发项目，包括每个具体的开发项目，每个项目的目标、时间范围和管理期望，了解参加项目开发的人员及他们各自的个性风格，了解自己对参与者的影响力等。

比如，咨询公司的产品经理，必须搞清楚客户为什么要找他做咨询，客户的目的是什么，客户要求什么时候完成等。还有，对参与这个项目的人员，产品经理要进行深入了解，掌握每个参与者比较擅长侧重的板块，以便在客户需要咨询的时候，派一个更适合解决客户问题的人。在项目产品的关键节点，产品经理也要有能力去做一些技巧性的引导。

经典案例

善用资源的模世能产品经理

模世能公司的咨询板块产品经理必须要懂得咨询方面的知识，甚至有的时候还担任具体的项目经理。在具体做项目产品的时候，产品经理不一定是最厉害的、最懂行的。但他会利用自己手中掌握的信息，来调动协调各部门的资源，把最适合的咨询老师匹配到咨询客户的身上。利用自己的影响力，设法让这位咨询老师（项目经理）完美地向客户交卷。

（2）**领导与协调团队的能力**。

张雷点醒

一个项目，一个产品，要想把它运作好，一定需要一个很多人组成的团队，而绝对不能由一个人来做。因此，产品经理还得是一个团队的经理，他需要具有能够带领这个团队完成任务的能力，而且要让这个团队的成员具有团队精神。团队合作的经验和能力有助于产品经理在带领产品团队时较好地处理团队内部的人员关系及其他情况。

首先，产品经理要杜绝团队中的个人英雄主义。有时候，团队里面会有人产生个人英雄主义的想法，认为这个项目都是以自己为主，无视团队中其他人的贡献。一旦出现这种情况，整个团队就会出现一些不协调，而这些不协调，在你提供产品的时候，客户会感知到，市场也会感觉到。带领这个团队的产品经理，一定要注意消除团队中的内讧，要有能力平衡团队成员之间的关系，要有能力让团队所有成员都参与到为达成产品目标的工作中，而不是整日争名逐利、嫉贤妒能。

其次，产品经理一定要是一个好的团队引导人。这主要表现在团队成员为达成产品总体目标的问题讨论上。作为产品经理，在团队成员纷纷发表自己的观点时，无论你认为自己的想法观点多么正确精妙，都一定要将其先放在一边，先倾听大家的观点，最好是让所有的团队成员都参与进来发表意见。必要的时候，再拿出自己的观点来，并引导大家进行辩论，适时总结一下关键点。即便是讨论未果也没关系，因为很多时候“没有结论”其实就是一种结论，而且是一种不同于一般的新结论、新思路。这时候，产品经理一定要认识到这一点，并且要有能力把新思路清楚地给大家描述出来。

最后，为确保产品各项目标的实现，产品经理必须负责与管理层进行沟通，必须解决项目组的冲突，必须与各职能部门之间进行协调。因此产品经理必须具备较强的人际沟通及处理冲突的能力。

（3）管理老板预期的能力。

产品经理被老板寄予厚望，成为老板眼中的顶梁柱。从产品概念设计，到推向市场、产品生命周期管理，都有产品经理的参与。产品经理需要对客户、对市场进行深入了解、调研与分析；需要对整个行业环境的发展趋势做出全局性的分析与预测，并对产品的目标进行精密推测。如果分析和推测的结果与老板的预期有偏差，产品经理就必须主动与老板沟通，用自己的数据推理和对客观事实的分析判断，来修正老板的预期。

（4）总结经验、提出改善的能力。

一般情况下，产品经理往往年龄稍大。为什么呢？因为在商场上年龄越大，摸爬滚打的年数越多，拥有的经验与积累的技能越多，经营企业的经验往往就会多一点，做事会更沉稳老练一些，对产品的发展方向也会有更强、更准确的判断力，在关键的时候，能够很好地把控方向。

很多企业原来是个小企业，20年以后还是个小企业，就是因为管理者经营企业的过程当中不具备积累经验的能力，永远从零开始，总是这样在原地发展，永远都长不大。比如说，做汽车行业很赚钱，但也需要积累很多经验与其他资源。如果一切都从零开始做，那么无论你拿出多少钱去投资，你生产出的汽车也不一定能卖出去，更不能一上来就占领汽车市场。因为其他能够在汽车市场上独领风骚的企业，一般都是经营多年，它们生产的汽车可能都已经经历了一代、二代、三代、四代。这都是它们不断提升总结经验的结果。

所以，产品经理不仅自己要有经验，还要具有较强的归纳总结能力，不断总结出新经验。更关键的是，产品经理要不断积累自己负责的产品运作过程中的整个团队的经验，好的、成功的，进行推广；坏的、失败的，让大家都不要重蹈覆辙。产品经理更要懂得传承，通过定期或不定期的技术培训，将产品经验不断推广普及，“武装”新人。产品经理一定要虚心接受客户反馈的意见和提出的建议，并将意见和建议作为产品升级换代的理由和产品的发展方向。这一点对企业的发展至关重要。

（5）时间观念一定要强。

时间就是金钱。产品经理要具有对时间的敏感性，时间观念一定要强。比如，一定要按照客户要求的时间来完成产品，否则就会违约，违约就得按合同赔偿，甚至会失去这个客户。再比如，参加会议一定要及时，不要因为自己而耽误会议的议程，自己组织召开会议时要长话短说，因为开会也是有成本的，节约会议时间，就等于节约了金钱。

6. 培养自己的产品经理，让能力和忠诚并重

目前情况下，很少有企业去主动寻觅、聘用空降的产品经理。因为产品经理与技术经理不一样。技术经理往往不管在哪个企业，重点都是钻研技术，谁给的价格高了，就会到哪个企业去做事。而产品经理的重要性更多不在于产品本身，而是在于他对于企业的理念、情感和情怀打造。产品经理甚至是与企业融为一体的，这种人很难挖得到。

经典案例

一个前功尽弃的项目背后

有一家企业老板，认为他的一个产品项目市场前景非常好，于是着手运作。但又觉得身边的人难以承担责任，于是高薪去挖人，挖到的这个产

品经理也确实能力突出，产品项目进展得很顺利。然而就在产品即将上线的时候，这个产品经理却以个人的名义申报注册了专利，二话没说离开了公司。公司前期投入大量的资金和精力研发的这个产品，被他截走了，他还带走了公司的很多有经验的员工和资源。

由此可见，产品经理这么重要的人才，很难从其他企业里面挖得来。即便挖到了，但因为他不是在公司逐步成长起来的，他跟公司没有感情基础，容易出现问题。在产品经理的选择上，一定要选对人，这个人不仅要具有做产品经理的能力和天赋，更重要的是，他一定要“根红苗正”，一定要对公司忠诚，没有二心，要把公司的利益看得高于一切。这一点往往比技术本身还要重要，是企业产品经理选人用人上的重点。

张雷点醒

在对产品进行布局之前，更重要的是做好人才的布局，一定要舍得花钱，培养出自己的人。要注意从那些品行品质、性格特征、沟通能力等方面都比较优秀的年轻人中选苗子，提前布局，重点培养。

（1）管理和技术，双通道选人。

产品经理是逐渐培养出来，一步一步成长起来的。他的成长道路，其实就是他的晋升道路。企业的人才通道：一条是管理线路，另一条是技术线路。企业选用产品经理，既可以通过管理线路提拔上来，也可以通过技术线路提拔上来，两条线路都可以成为企业培养产品经理的通道。一个好的产品经理，最好是具有管理项目开发的经历，具有一个或多个职能部门管理和操作方面的经验。

（2）从“冰山模型”的角度，整体审视候选人。

说起冰山，大家可能都不陌生，其实冰山在水面上浮出来的只是一个很小的部分，而它更大的那一部分则淹没在水底下。

根据这一点，美国著名心理学家麦克利兰提出了“冰山模型”。这个模型将人员个体素质的不同表现划分为两个部分：大家能够看到的表面为“冰山以上部分”，而内心深藏的自我意识和动机为“冰山以下部分”。

通常情况下，我们将这个模型分为四个层次。

第一层为表现层，就是一个人表面上能够显现出来的东西，通常都是他掌握的知识和技能，也就是说，他有什么样的知识和技能，会通过语言、行为、工作等表现出来，大家都可以看得见，都可以知道他具有的能力、本事、学识和技艺。而这些其实都是表面的一小部分。但在平时学习和工作当中，这一层更多通过他在一个特定领域所获取的信息，以及能够将事情做好的行为表现出来的。

第二层为核心层，也就是一个人的内心。核心层的重点主要是一个人的价值观、心智、认知、态度、形象、做事的一些观念和看法，这是非常重要的。一个人做事情的成与败，不在于表面上具有多少知识和能力，而在于内心态度与素质水平。

第三层为动机层，就是驱动行为的深层次需要，也就是一个人为什么要做这件事情，他的目的和动机是什么。

第四层是个性层，这是关键的一层。在人的一生当中，除了内心可以修炼以外，还有很多东西都是可以改变，比如说气质、情商、逆商、意志、认知等。

这四个层次的素质和能力，都是我们在选择产品经理的时候可以参考的。不仅是在选择产品经理时参考，在选用其他岗位人才的时候，也都可以参考这个模型。

（3）进行知识与能力的培养。

我们要对培养对象进行专业技术知识方面的培训，来提高他的各项业务能力，让其成长为各项业务的行家。培养的方式主要有两个：一是通过建立产品知识库，让培养对象对产品知识进行全面的学习，对产品进行全面的了解；二是构建起企业产品的阶段性案例库，就是将产品成功的经验传授给培养对象，变成他成长的阶梯。总结起来，有以下几种培养产品经理的渠道。

第一，轮岗制。

以轮岗的方式让培养对象到销售部、内勤部、市场开发部等各个部门工作，把整个企业的产品形成过程、产品性能、人员关系等都熟悉一遍。

第二，导师制。

在轮岗的过程当中，一定要在每个部门选出一个业务比较熟练的导师，带一带产品经理的培养对象，以便他能够更快更好地进入角色。其实这也是企业经验积累的很重要的部分。在培养使用的过程当中，不仅要培养他的业务能力，还要培养他的企业情感、企业情怀。

第三，培训制。

派培养对象参加各种学习培训，营造各种学习的环境，来提高他的知识技能。

（4）从低难度、低风险的任务开始，逐步放大授权。

培养产品经理，不是一上来就让他做高难度、高风险的任务，而是要从低难度、低风险任务开始，等他掌握了一定的工作技巧，积累了一定的经验后，再逐步放大授权，逐渐加大工作任务的难度和风险性。在这个过程中，一定要让他学会如何评估任务失败后的风险，以及挽回损失的方法。

（5）注意行动过程中的辅导。

老板放手或授权培养对象去做任务，并不是撒手不管，而是在他做的过程中注意对他的辅导，要对其行动进行暗示，而不能直接对其指示，还要听取任务进行中的阶段性汇报。

（6）任务结束后共同回顾。

任务结束后，无论结果怎么样，都要与其共同回顾整个任务的过程，从中总结经验、吸取教训。

阅读思考

（1）你的公司是否有专职的产品经理？如果没有，兼任产品经理的人是如何“分身有术”的？

（2）产品经理与企业中的其他同级别经理的区别和联系是什么？

（3）除了文中阐述的内容，你觉得产品经理还需要具备哪些能力？

09

第九章

密码8：产品价值传播
——全方位推广与扩散，让价值再次增值

※ 产品推出来了，产品意义塑造好了，品牌包装好了，要想卖出好价钱，要想在同行业中争夺到更多的市场份额，接下来，就应该对产品进行有效的价值传播。所谓产品价值传播，就是将凝聚于产品中的价值进行全方位推广与扩散。

1. 价值传播策略，一切都从正确出发

其实，塑造意义和打造品牌就是产品价值传播的一部分。我们身边最常见的产品价值传播便是企业做的各种广告。比如中央电视台综合频道的《新闻联播》之后、《天气预报》之前，就有几秒的广告时间，很多国内大牌的产品都愿意花费巨资在这短短的几秒内做广告。为什么呢？因为这个时间点被称为黄金时段，中央电视台综合频道的收视率又高，在这个时间点做广告收到的效果会非常好。

但是未必所有的公司都适合做这样的广告，在我们急切地想要把产品推广出去、打响知名度之前，还是要三思而后行，先不要急着迈出腿，不妨先好好思考一下产品价值传播到底是怎么回事。

产品价值传播的策略就是，把正确的内容，用正确的形式，通过正确的渠道，在正确的时间，传播给正确的对象。在这里强调的是，传播的内容、形式、渠道、时间和受众都必须是正确的。

张雷点醒

花钱做广告之前，一定要记住先把这五个要点考虑清楚，再去做广告。但此前，企业必须将品牌整体包装好，传播以后，如果品牌还改来改去，那么，不仅之前的广告费白花，还会引发其他的问题。

2. 找准价值传播的目标受众

一般情况下，产品品牌包装完之后，企业就需要将产品的价值传播给它的消费者，价值传播的目标受众一定要精准。那么，怎么找到正确的受众呢？

（1）受众是产品的购买者。

大家知道，不同的人群所用的产品是不一样的。因此，企业首先要看产品针对的是哪类人群，再向那类人群进行传播。比如，汽车修理厂做广告就是传播给开车的人，而不是传播给不开车的未成年人。再比如，高档男装，价值传播的目标受众就是“高富帅”一类的人群；中档男休闲装，价值传播的目标受众就是收入中等的一类人群。

（2）受众是能够决策购买产品的人。

目标受众不一定就是使用者，也可以是与使用者关系特别近、有购买决策权的人。比如，儿童游泳馆的使用者是儿童，可是它要把广告传播给儿童的家长，尤其是孩子的妈妈，因为家长才是儿童游泳馆的消费者。

再比如，面粉厂需要向食品店、面粉代理商等直供的店铺及食品生产厂家进行价值传播，而不是向终端消费者传播，因为面粉厂很少直接与终端消费者接触，更多的是直接面向代理商和食品生产厂家。如果面粉厂要对终端消费者进行价值传播，可以通过电视、报刊、互联网等渠道进行广泛宣传，往往能够达到家喻户晓的效果，不仅厂家能从广告中受益，那些直供的店铺、食品生产厂家也会跟着受益。

（3）受众是能够帮助传播产品价值的人。

这类受众也就是产品的“粉丝”客户，由于自己比较喜欢，使用体验很好，所以他们会不自觉地向身边人推荐你的产品，也会把你的产品分享到朋友圈。

3. 价值传播内容：产品的差异点和支撑点

（1）找出适合价值传播的点。

价值传播的内容，其实就是产品的差异点和支撑点。

经典案例

儿童游泳馆的宣传内容

·基本的需求：孩子到儿童游泳馆游泳。

相应的差异点和支撑点：“我们的游泳池比别家的大，水质比别家的清，一天换六遍水，特别干净卫生。”

·外延需求：游完泳后，孩子还需要洗澡、消毒、按摩、护肤等。

相应的差异点和支撑点：“在游泳池游完后，如果您担心游泳池有细菌，咱家专门设计有小单间，能够用无菌化的操作给孩子洗一个澡。洗完澡如果孩子感到累或者肌肉紧绷，咱家有专业的儿童按摩服务生给孩子按摩。按摩后，再给孩子抹一些上好的护肤用品。”

·升华需求：玩耍、饮食和惊喜。

相应的差异点和支撑点：“我们游泳馆设计了一个非常有趣的儿童游乐场所，孩子玩完后肯定很饿，我们还设计了一个小型的就餐区，有小座位和小餐具，都是给孩子们量身打造的。吃完走的时候，还有消费满500元赠一套送精美餐具或者烘焙一个小的蛋糕带回家的活动。”

通过案例，我们可以清晰地理解客户需求一共有三个层次：基本需求、外延需求和升华需求。那么，企业在进行产品价值传播的时候，是不是要将所有这些客户的需求、产品的支撑点和利益点都作为传播的内容呢？其实这是没有必要的。

只需要把满足客户外延需求的支撑点列出来，再与竞品进行比较，找出与竞品之间的差异点，这些差异点就是自己产品的优势，一定要把它们设计在传播内容里面。比如，这家儿童游泳馆有专门设计的小单间、无菌化的洗澡操作、专业的按摩服务生等，都是一般游泳馆没有的。

而且，这些差异点的背后，隐含的一定是产品更多的利益点，我们从中可以找出产品最大的亮点，通过设计宣传，使其成为最具吸引力的卖点。比如上述案例中的儿童小游乐场所、就餐区，给孩子量身打造的小座位、小餐具、赠品，它们都是比较吸引客户的亮点，一定要精心设计到传播内容里面。

经典案例

在上海曾经有这样一个卖别墅的广告，这个广告的画面上，近处站着一个美女，在欣赏美景，远处有山有水，别墅依山傍水，旭日东升，朝霞染红了山，映红了水，景色真是很宜人。广告语也很高雅：“真山水，纯别墅，尊贵私享。”可惜售楼处门可罗雀，销售业绩不佳。

后来这个广告改了，把别墅的场景画出来，独栋别墅，大院子，像一个度假花园。广告语也换成了“一亩地的独栋别墅，一亩地的独栋花园，价格不到一千万元”，图文并茂。经过这么一改，每天都有人来看房子，销售业绩也上去了。

之前的广告不成功，是因为它呈现的利益点，只不过是卖别墅的老板自己认同、认可的利益点，属于自娱自乐的利益点，而不是客户想要的。这个广告与客户的需求，尤其是“需求场景”没有产生关联。一般人看完这个广告都会认为，这样的别墅肯定会很贵，买下来自己肯定有压力，甚至自己根本买不起。所以他们都会认为这个广告与自己无关，买这样的别墅更与自己无关，认为这是有钱人的事，都不会产生购买的欲望，更不会想着去售楼处看一看有没有合适的房子。

换了广告语和宣传图之后，获得成功的原因是什么呢？这个广告呈现的是一个大的独门独院的场景，这个利益点可以吸引很多想圆住别墅梦的人，让他们产生去看看的冲动。再加上广告语“一亩地的独栋别墅，一亩地的独栋花园，价格不到一千万元”，“价格不到一千万元”的卖点更能吸引人们去了解它。其实这些别墅中就有一套独栋，价格是996万元，但在看房的过程中，很多客户更心仪其他位置好的别墅，认为多花个300万元也没关系，结果别墅就卖爆了。

还有一种适合产品价值传播的点，叫作“引爆点”，就是由一个事件来引爆一个产品。典型的案例是2018年“冲顶大会”App的刷屏，在王思聪生日那一天，他拿出10万元给“冲顶大会”App当奖金，以每天晚上九点发十万元的宣传语，引爆了微博，当天就有28万人参加活动。

（2）制作设计价值传播内容。

企业找出适合价值传播的点之后，就要对这些点进行精心设计，制作出引人入胜的传播内容，然后将其进行有效传播，它们就会成为产品的卖点。

产品的很多专业化的语言和数据，客户是听不懂、看不明白的，很多企业在做产品营销宣传时，却忽略了这一点，它们用专业化的语言呈现产品的利益点，客户听不懂他们在说什么，不知道呈现的利益点能给自己带来什么好的结果。结果，广告呈现的利益点再好再多，客户也不会买这个产品。

因此，在做产品营销宣传时，我们应该考虑一下客户是不是听不懂，要把专业的语言转换成通俗的语言，一定要直截了当，让客户一眼就能看明白。最有杀伤力的利益点就是有“需求场景”，把利益点场景化，让他们听得懂、看得见，这样，产品价值的传播效果会更好。

比如，王老吉主打的就有三个需求场景：熬夜、加班、吃火锅。因为这三个场景都容易让人上火，所以“怕上火喝王老吉”。

再比如，京东推销东西送得快，快到什么程度呢？京东做了一个场景：一个人上厕所，忘了带手纸，就马上上京东App下单买，还没有方便完，京东就把纸给送到了。这就是场景化，对客户的冲击力和吸引力特别大。

经典案例

××有限公司的宣传内容

××有限公司是一家集科、工、贸于一体的高科技公司，凭着强大的研发能力，研制出主打产品——新型防火复合材料。该产品采用独特的配方和国际领先技术，生产工艺填补防火材料领域的空白，是达到国际先进技术标准的防火材料产品。该产品不断满足了顾客在环保和防火方面的需求，还可以广泛应用在各个场景中，不仅在国内畅销，还远销其他国家。

这是这家公司核心产品的主要特点，我们可以从该公司的宣传内容，来看这家公司如何把产品特点变成卖点。这家公司的宣传内容是通过一个故事来表达的，一个建筑设计师通过不断的努力，排除万难满足顾客的需求，最后设计成功的故事。这里用8个不同的画面来表达。

第一个画面，提出产品本身，建筑材料。场景的主题是现代城市美，用不同的建筑交相辉映来表达建筑美，同时表达了建筑基础材料的美感。

第二个画面，提出问题，客户需要更加优质的环保防火材料，这让设计师苦恼不已，因为在这样的设计中，如果没有优质的材料，很难满足客户的需求，这可怎么办？

第三个画面，寻求解决方案，设计师咨询了很多行业专家，寻求最佳的解决方案，这时专家给了一个推荐。

第四个画面，寻到了材料，按照专家的推荐，设计师找到了××有限公司，××有限公司的工作人员，向他介绍了产品的情况，并且带他参观了产品展示的展厅。

第五个画面，展示材料的特点，设计师看到产品后，惊喜地发现，它从品牌、品质、外形美观度、塑形、环保、防火等方面都满足了顾客的需求，这就是设计师要找的材料。

第六个画面，把材料加入设计项目中，设计师越看越喜欢，决定把这个产品加入设计项目中，设计师灵感爆发，终于成功地设计出优质的内容来。

第七个画面，客户认可，客户和施工方收到设计方案后，都非常满意，并且握手表示感谢，希望下一次继续合作。

第八个画面，给设计师带来的认可，设计师通过设计方案获得大奖，这是设计师个人设计工作中的一次进步。

这个产品不仅满足客户的需求，还满足了施工方、设计方的需求。故事还在继续，后面还用图片的形式介绍材料的特点。

第一步，介绍产品的基本情况，产品是铝复合板材料，是一种用于装修的建筑材料。

第二步，介绍产品的特点，防火、环保、保温、易于塑形。

第三步，介绍产品品牌特点，强大的研发团队支持，国家专利，国际领先技术，独特配方，国家认证，用途广泛，销售范围广，销量高等。

这些都是支撑升华利益点的卖点，有了这些卖点，故事呈现的特点才有价值，故事才能让消费者相信，他们才会放心购买，这样的传播内容才有效果。

总之，传播这些品类元素，是用广告语作为内容进行传播，用一个故事作为内容进行传播，还是以一个代名词或者产品的品牌定位作为内容进行传播，一定要写清楚。我们可以用这些点打造成一个场景；可以将这些点串起来讲述一个故事，让客户有身临其境的感觉，来刺激其购买的欲望；还可以将这些点做成宣传图片呈献给客户，让他们信服和放心。

4. 多元化的产品价值传播形式

以前，新闻、电视、报纸、横幅是宣传的主要手段，现在随着科技日新月异发展，市场宣传已经颠覆了传统模式，呈现出了多元化的形成，有了更多的选择。对企业来讲，宣传往往成本很高，产品价值传播的形式和手段选择非常重要。

一般来讲，产品价值传播的主要形式有软文、海报、影片、音频、产品宣传册、展厅以及活动赞助等。

（1）软文。

软文和硬广相对应。“软”就是“软植入”，“文”是指内容好的文案。所以，软文就是指文字形式的软广告。一篇好的软文所带来的传播价值是不可估量的。

写出一篇好的产品营销软文之前，要深度了解产品，分析品牌文化，发掘产品是否有消费者最关注的东西或者可以帮助消费者解决问题，以这些角度来撰写软文，可以直击消费者内心与痛点，激起消费者更高的认同感。

（2）海报。

作为视觉信息的一种传达方式，海报在产品价值传播中是一种不可或缺的手段。海报的应用范围比较广，简单直观的创意图形和色彩，可以快速传播语言无法表述的信息。

（3）**影片**。

视频作品可以借助其丰富多彩的形式反映出复杂多样的人类社会生活和内心世界，在动态视频里，观众看到的不仅仅是高颜值的明星、动人的故事，还有其中包含的风土人情、文化品位等，而这一切是极直观、广阔、细致的信息载体。

影院媒体是高端品牌演绎品牌故事的高质平台，与其他媒体相比，影院媒体有着无法企及的超强震撼力和五星级的播放环境。在当下，即便是在传统媒体的重新定义和互联网的强大冲击下，影院媒体依然受到品牌主客户的充分认可。

企业可以借助影院媒体这个载体，把要宣传的产品用最生动的方式切入普通人的生活中，这其中也赋予了产品价值与意义的强烈体现，从这个角度来讲，这种功能往往超出了视频本身的范畴，也成就了产品有效且隐蔽的广告宣传。

（4）**音频**。

现在是智能语音的时代，我们的耳朵是各大音频行业争夺的“战场”。早起后，我们会收到当天天气和路况信息；在上班的路上，打开音频软件，可以选择需要的学习课程；睡觉前，可以选择一个极具磁性的声音为我们讲故事。在我们的生活里，声音的价值正在被重新挖掘。音频形式的产品价值传播需要得到足够的重视。

（5）**产品宣传册**。

作为一种视觉表达形式，宣传册通过其版面构成对观看者瞬间产生刺激，并在短时间内对其产生很大的吸引力。而且，宣传册具有信息量大的优点，涵盖企业介绍、产品信息、技术革新、售后服务等信息，可以达到较为全面的广告传播效果。消费者还可以随身带走，以便之后仔细阅读，非常便捷。

（6）**展厅**。

展厅就是让产品发光的地方，它可以让产品更有辨识度。以画面承载信息量非常大的环幕展厅为例，四周环绕的广阔画面，再加上全方位立体声效果的配合，让站在展厅中央的消费者产生身临其境之感。

（7）**活动赞助**。

活动赞助，指的是无偿提供人力、物力、财力来资助某一项事业，以此取得一定的形象传播效果。在广告信息超载的时代，真情实感是最珍贵的。在商务公共关系专题活动中，活动赞助已经越来越多地被企业所认识并加以重视。

5. 量体裁衣，选择传播渠道

有了合适的传播形式之后，我们就要考虑通过何种渠道进行传播，渠道有很多种。

（1）**媒体**。

随着互联网和移动互联网的出现，传播手段和传播速度有了质的改变，人们可以随时随地浏览网页，轻而易举地获悉信息等，时尚、方便、快捷。因此在广播、电视、互联网上投放广告是很多大型企业的首选。

需要注意的是，要合理安排播放这些广告的时间。什么时间传播效果好？中央电视台综合频道《新闻联播》与《天气预报》之间的时间就是很好的时间，还有奥运比赛休息期间、热播剧期间等。

（2）**展览会**。

这种传播渠道是将产品在展览中心展销，让观看的人产生消费的欲望。

（3）**地推**。

车体广告、宣传单、大街上的电子投屏、公交车和飞机上的座套等都是地推传播。

大多数小企业都会选择地推的渠道，散发一些印刷小广告。大街上随处可见商家发放的印刷广告，如房地产的广告、健身房的广告、饭店的广告、培训机构的广告等。这是最便宜的一种传播渠道，虽然传播速度慢一点，但传播成本比较低。

张雷点醒

选择渠道与选择形式一样，在传播前一定要斟酌一下，考虑每一种传播形式的传播速度和传播成本。特别是要结合企业自身的资金状况来传播自己的产品价值。如果想要快速打响品牌、推广产品，并且企业预算很充足，就去有影响力的电视台做广告，成本虽然特别高，但效果收益非常好。而小企业、小产品就没必要这样做了，要看哪一种渠道速度更快、效果更好、花钱还不多。

阅读思考

（1）为你的产品选择合适的传播目标受众。

（2）为你的产品撰写一篇图文并茂的软文。

（3）对比分析哪种传播形式和传播渠道更适合自己的企业。

参考文献

［1］张雷．商业模式转换一点通［M］．北京：中国财富出版社，2018.

［2］张甲华．产品战略规划［M］．北京：清华大学出版社，2014.

［3］刘飞．从点子到产品［M］．北京：电子工业出版社，2017.

［4］艾·里斯，杰克·特劳特.定位［M］．北京：机械工业出版社，2017.

［5］蒂姆·史密斯.定价策略［M］．北京：中国人民大学出版社，2015.

［6］罗伯特·库珀，埃迪特．产品创新战略［M］．北京：企业管理出版社，2017.

［7］琳达·哥乔斯．产品经理手册［M］．北京：机械工业出版社，2017.

后　记

俗话说："机会总是留给有准备的人。"

当你耐心、细心地阅读完本书之后，有所思，必然有所得，你已经成为一个有准备的人，相信你比其他人拥有了更大的格局、更深的认知、更多的优势。

其实，我并不奢求大家读完本书后都能茅塞顿开、醍醐灌顶，一千个人心中有一千个哈姆雷特，对于书中所提到的理念、知识、方法，大家都会有各自不同的理解方向与理解程度，但是只要能够有所认同、有所收获、有所反思，那本书就已经发挥出了它的作用，也让它的存在有了价值。

我更希望的是，大家在读完本书之后，能够产生一种强烈的认识——"这书既不是要我去掌握一项技能，也不是要我去获取一个资源，而是教给我一套解决问题的方法。"

所以在这里，我想补充一点。

做产品一定要知行合一、学以致用，真真正正地去解决问题。

何谓知行合一？"知"指的是想的部分，"行"指的是做的部分。这个词语来自明代大思想家王守仁，他认为"知是行之始，行是知之成""知而不行，只是未知"。也就是说，"纸上得来终觉浅，绝知此事要躬行"。如果只去学习知识，却不学以致用，那么学到的知识其实并无实际价值，即便你学富五车、才高八斗，也只是纸上谈兵而已，本质上，还是处于一种"未知"的状态。

俗话说："师傅领进门，修行在个人。"同样的知识、同样的方法摆在我们面前，为什么有人看懂了、理解了，也应用成功了，有人则相反？这不仅仅是理解能力的差异，也源自执行能力的差异。

现实中，很多产品到处碰壁、彻底失败、虎头蛇尾，也与企业管理者、产品经理们掌握的知识很多，却在行动上下的功夫太少，无法做到知行合一有一定关系。产品定位、竞争策略、目标用户等偏战略的部分，即是“知”；拆解目标、项目管理、设计产品方案等偏实施的部分，即是“行”。在做产品的时候，“知”与“行”是不可以脱节的，它们是深度融合在一起的两个部分，就像鸟的两翼，少了哪个翅膀，都会影响飞行。

知与行，同时是一个相互循环、相互促进、相互验证的过程。只有那些敢于挑战、实践的人，才能将知识与方法论为己所用，区分出其中适合自己与不适合自己的部分，并且把“行”中的所感所得逐步内化、吸收、沉淀、积累成属于自己的东西，将它们融入知识体系和认知体系中，继而影响和改进“知”。如果知而不行或行而不知，终有一天，产品能力也会达到瓶颈。

其实，很多事情的成败，往往在于谁多走出了一步，并且清楚地知道自己走这一步的目的、意义与代价。也许多走出的那一步，未必会将我们成功地带至目的地，但可以让我们获得弥足珍贵的成长，让我们不必在摔倒过的地方再次跌倒，让我们可以比别人更快地找到坦途。

愿我们都能知行合一，将完善自己提上日程，并持续性地学有所成！

致　谢

感谢我所有的忠实读者；

感谢邀请我做过分享或培训的企业或组织；

感谢我的学生和徒弟；

感谢我的团队；

感谢在专业上给予我帮助的各界同人；

感谢中国财富出版社以及本书项目组的全体工作人员。

是你们的热情、信任、支持、协助、反馈，给了我著书立说的动力，也使得书中内容更为丰富、更有深度和价值。

张雷

2019年8月1日